高等学校
学风建设研究

王 超 著

 中国商业出版社

图书在版编目（CIP）数据

高等学校学风建设研究/王超著. --北京：中国商业出版社，2021.11
ISBN 978-7-5208-1825-4

Ⅰ.①高… Ⅱ.①王… Ⅲ.①高等学校—学风建设—研究—中国 Ⅳ.①G649.2

中国版本图书馆 CIP 数据核字（2021）第 207340 号

责任编辑：管明林

※

中国商业出版社出版发行
（100053 北京广安门内报国寺 1 号）
010-63180647 www.c-cbook.com
新华书店经销
北京虎彩文化传播有限公司印刷

*

710 毫米×1000 毫米　16 开　7 印张　105 千字
2021 年 11 月第 1 版　2021 年 11 月第 1 次印刷
定价：68.00 元

* * * * *

（如有印装质量问题可更换）

前　言

本书是针对高等学校学风建设这一课题开展理论和实践研究的成果，研究坚持理论性和实践性的统一、传承性和创新性的统一、科学性和实效性的统一，不但要注重重点工作求突破，特色工作求提升，常规工作求精细，而且还要坚持不懈地将探索总结为经验，将经验凝聚成成果，将成果升华为理论，成效显著。

山东理工大学历来十分重视学风建设工作，多年来，学校秉承"厚德、博学、笃行、至善"的校风，在学风建设方面进行了大量有益的探索，取得了很好的成效。学风建设永远在路上，本书是对多年来山东理工大学学风建设工作探索的阶段性总结，旨在抛砖引玉，进一步促进今后学校学风建设工作的开展，同时也为国内其他高校开展学风建设工作提供借鉴。

本书以高等学校学风建设为主要研究对象，以进一步提升学风建设成效为目标，重点从理论、方法、实践三个层面深入探索和系统论述了高等学校加强学风建设相关工作和举措。全书分为九章，第一章阐述了高校学风建设相关问题；第二章深入剖析了高校学风建设的现状；第三至第九章从规章制度、高校教师与学风建设的关联性、提高认知水平、搭建活动平台、以班级建设为凝聚、辅导员—班级导师学风建设协同机制、以考研促学风等层面，系统分析和阐述了加强和提升学风建设成效的工作举措。

本书在写作过程中，吸收了不少专家学者的研究成果，在此一并致以诚挚的谢意。由于高等学校学风建设是一个长期的系统的课题，理论性和实践性都很强，又处于发展变化中，本书的研究定有局限，亦难免有疏漏和不足之处，敬请读者批评指正。

2021 年 8 月

目 录

第一章 高校学风相关问题研究 ………………………… 1
    一、高校学风的内涵及构成要素 ………………………… 1
    二、高校学风建设的内涵及其重要意义 ………………… 5
    三、高校学风建设的历史回顾 …………………………… 8
    四、高校学风建设的特点 ………………………………… 11

第二章 高校学风建设的现状 …………………………… 13
    一、高校学风建设取得的成效 …………………………… 13
    二、高校学风建设中存在的问题 ………………………… 19

第三章 健全规章制度,保障优良学风的形成 ………… 25
    一、健全管理规章制度,形成良好学风的制度保障 …… 25
    二、落实规章制度,发挥制度的长效育人功能 ………… 29
    三、宣传规章制度,培养遵纪守法的良好意识 ………… 31
    四、加强人才队伍建设 …………………………………… 33
    五、健全信息反馈机制 …………………………………… 34

第四章 高校教师与学风建设关联性研究 ……………… 36
    一、加强师德建设,充分发挥教师主导作用 …………… 36
    二、完善管理制度,推进高校教师学风制度建设 ……… 39
    三、加强学术管理,规范学术行为 ……………………… 44
    四、营造和谐学风氛围,为教师学风建设提供良好环境 … 46

第五章 提高认知水平,增强学风建设的主动性 ……… 50
    一、提升教师认知水平,发挥主导作用 ………………… 50

二、增强学生认知能力，发挥主体作用 …… 52
　　三、增进师生相互交流，发挥互促作用 …… 55
　　四、以人为本，尊重学生需求 …… 58

第六章　搭建活动平台，构建良好学风的机制 …… 61
　　一、强化"三风"建设，促进"三风"良性互动 …… 61
　　二、协调教学、团学活动，促进各类学风建设的互通 …… 63
　　三、改革学生评价体系，确保评价与学风建设的互证 …… 67

第七章　以班级建设为凝聚，以优良学风促成长 …… 70
　　一、班级建设的工作背景 …… 70
　　二、班级建设工作理念和工作思路 …… 71
　　三、班级建设工作开展情况 …… 72
　　四、班级学风建设成效 …… 78

第八章　新媒体形势下辅导员——班级导师学风建设协同机制研究 …… 80
　　一、新媒体形势下学风建设面临的问题与挑战 …… 81
　　二、辅导员与班级导师在学风建设中的角色定位 …… 83
　　三、辅导员—班级导师学风建设的思考与建议 …… 86

第九章　以考研为抓手，促进学风建设 …… 90
　　一、挑选复习资料 …… 91
　　二、有效规划考研时间 …… 93
　　三、注意调节身心 …… 95

参考文献 …… 103

第一章
高校学风相关问题研究

学风是一所大学办学质量的重要标志,加强学风建设是实现一所大学可持续性发展的重要手段。这就要求我们必须要对什么是学风以及学风的构成要素等理论基础要有一个深刻的理解,只有这样才能掌握学风建设的方向。

一、高校学风的内涵及构成要素

1. 高校学风的内涵

一直以来,学术界对学风的定义尚未有一致的观点。最早对学风的概述源于《礼记·中庸》,其中指出学风是学习的一种态度,该史书对其的具体意思解释为学习的内容要广泛,求学、求教要详细,思考要谨慎,实践要脚踏实地;《现代汉语词典》中对学风的解释为"学校的、学术界的或一般学习方面的风气";毛泽东对学风也做出了理论解释,他在《整顿党的作风》一文中指出:"学风不仅局限于学校的学风,也是我们全党的党风,要反对主观主义,以整顿学风。"不同的领域对学风有着不同的界定,笔者研究的是高等学校领域的学风,从当前已有的诸多学风理论研究成果中可以将学风划分为广义学风和狭义学风。

高校学风是校风的重要指标之一,从字面意思来看,"学风"中的"学"字有两层含义:一是讲"学习";二是讲"治学",即研究学问,具有主体性和主观能动性。风,指风气,具有指向性和渗透性。学风,简而言之,指学习的氛围和风气。

从广义上来看，学风的研究对象包括高校领导、管理人员、教师和学生等，具体来说，是指学校领导的办学、指导之风，教学管理人员的监督、管理之风，教师的教学、治学之风，学生的求学、研学之风的总和。

从狭义上讲，学风是一种学习的风气，一种学习的风格。学生是学风形成的主体。本文所研究的学风，主要是指狭义上的学风，特指大学生的学风。学风对于大学生而言归根结底是学生对待学习的思想态度和行为表现，以及学生在学校学习和进行学术活动过程中形成的一种校园文化氛围。因此本研究对学风内涵的界定是：学风是指大学生学习过程中所表现的行为特征和精神风貌的总和。高校是培养高素质人才的重要场所，高校的学风直接影响着人才培养的质量。

2. 学风的构成要素

由以上关于学风的内涵可知，学风包括大学生在学习过程中的行为表现以及精神风貌，因此学风主要由学习目的、学习态度、学习品质和学习行为四个要素构成。

1）学习目的

目的是人对某种对象的需要在观念上的反映，这是人们在采取行动之前为自己设计所要达到的目标。学习目的是指学习者希望通过学习达到或实现的目标要求和愿望，它反映了学生的人生观与价值观。当代大学生的学习目的大致可以分为三个层次：一是指向自我的学习目标，即满足自我发展需要的学习，主要表现为①大学生通过学习进一步发展提高自己，更好地实现自己的价值；②大学生通过学习赢得他人的尊重，获得更高的社会地位；③通过学习获得学历，从而能够找到一个理想的职业。二是指向他人的学习目的，是指把其他个体与自己的作用关系作为驱动力的学习目的。三是指向社会的学习目的，是指结合了社会需要的学习目的。学习目的反映了学生的世界观、人生观、价值观，能够阐述"为谁学"的问题，同时学习目的也决定了大学生的学习目标与态度，即"学什么""怎样学"的问题。不同的学习目的反映了大学生不同的"格局"：为自己而学的大学生其目的是指向自己的，即提高自我、完善自我，实现自我价值；为他人而学的大学生主要是把他人对自己的期望作为自己的驱动力；为社会而学的大学生通常具有强烈的社会责任感，能够把个人命运与社会发展相结合，具有崇高的志向。

2）学习态度

学习态度是指大学生在自主学习过程中形成的相对稳定的心理倾向，包括认知因素、情感因素和行为倾向等。认知因素强调对特定人或事物形成的看法和认知；情感因素是对特定人或事物的喜好和评价；行为倾向是在认知与情感基础上的个体行为的准备状态。学习态度决定了大学生在学习过程中的行为和学习效果。积极的学习态度使学生在追求学习目标的过程中更加主动，自我增强并最终实现学习目标；消极的学习态度会使学生在遇到学习困难时选择退缩，阻碍学习目标的追求和实现。

3）学习品质

学习品质是指能反映学生自己以多种方式进行学习的倾向、性情、习惯、风格等，它强调的是一种在主体性的教育理念下，倡导为学习者提供基于自身的发展要求的个性化、系统化的学习指导方案。学习品质包括五个方面：好奇心与学习兴趣、学习主动性、坚持与专注、想象与创造、反思与批判。

（1）好奇心与学习兴趣。兴趣是积极探究某种事物或进行某种活动的倾向，这种倾向使人在认识过程或活动过程中对事物带有稳定、主动、持久的指向性，是人们行为的内动力。好奇心与学习兴趣是人们在学习过程中积极探索、认识事物并带有强烈情绪色彩的心理倾向。在大学的学习过程中，知识的高深性与复杂性使得大学生的学习活动变得更为困难，拥有浓厚的学习兴趣，是大学生学习得以前进并发展的重要内在保障机制。

（2）学习主动性。学习主动性是指学习者在学习过程中不依赖外界的强制推动力，而是积极主动参与，它对学生的学习起着唤醒、定向、选择、维持和调节的作用，引导着学生用良好的行为习惯来帮助自己达到相应的学习目标。面对现实中教师布置的学习任务，有的学生找各种理由逃避，有的学生主动地接受学习任务，能够主动地投入学习中。

（3）坚持与专注。坚持是指个体在学习过程中能够做到善始善终、迎难而上，是不达学习目标不罢休的品质，坚持体现在精力和毅力两个方面。精力指能够以乐观充沛的精神战胜困难来达成目的，毅力指在长时间的学习过程中始终富有激情，坚持不懈克服困难直至完成任务。学习的坚持性是在完成学习任务的过程中体现出来的，主要表现在：一是能否做到对待学习有始有终，从学习的开始到完成一直保有激情；二是在执行学习任务的过程中，遇到困难时处理态度是否积极；三是在面对需要长时间完成的任务时学生的表现情况。专注则主要表现在大学生在学习过程中对待学习任务的专注程度，如学习过程中是否容易受到外界干扰而导致学习不专心，学习行为是否自主、积极。

（4）想象与创造。想象是指通过加工、改造、重新组合等方式，将头脑中的已有表象转化为新形象的心理过程；创造是指产生新思想、发现新规律、发明新事物的能力。作为一种学习品质，此处强调的是大学生能够通过积极的探索，去认识、发现并解决问题，进行新的学习，创造新知识。

（5）反思与批判。反思是对过去自身的学习经历的思考，并进行总结从而从中吸取经验和教训；批判是指在思考的基础上，对学习的知识及其内在联系、作用等的正确性进行判析，并对错误进行批驳否定。大学生的反思与批判涉及他们在学习过程中是否能够吸收、思考、理解已有的知识和信息，反思经验并从经验中学习的能力逐渐加强，以便进行下一步的学习。

4）学习行为

学习行为是学习者基于某种学习需求和学习目的，借用各种学习工具与学习环境相互作用的所有活动的统称。学习行为一般来说主要包括学习投入、学习习惯、学习策略、学习途径四个方面。

（1）学习投入。学习投入是指学生在学习的开始和过程中投入的时间和情感体验。投入包括行为投入和情感投入两个部分。行为投入具体来说是指参与学习过程中的表现，这反映在诸如热爱学习、积极参与、坚持不懈和不断进取等行为中；精神投入则是指在学习过程中获得的积极性、进取心等良好的情感体验。学习投入的程度将会在后续学习的质量上得以检验和证明。学习投入是衡量学习行为的重要指标，也是学生在学业上取得成功的前提。高质量的学习投入在激发学生的进取精神以及提高他们的抗压能力和培养创造力方面起着重要的作用，它还在很大程度上反映了学生在参与学习方面所表现出来的积极的健康的心理状态，可以有效地促进学生的成熟和发展，为将来走向社会打下坚实的基础。

（2）学习习惯。习惯是后天形成的比较稳定的行为方式。学习习惯是指学生形成的关于学习的自动化的行为方式,学习习惯具有生成性,也就是说学习习惯不是天生的,而是在后天的经验作用之下形成的,例如,学生的课前预习、课后复习、及时对自己的作业进行检查等习惯,一旦成为一种固定的习惯,学生便会产生情感依赖,使其成为一种自动化的行为。

(3) 学习策略。学习策略是指学习者在学习过程中,为实现学习目标而遵循的学习原则、方法和技巧,包括对学科知识特性的认识,灵活运用学习原则以及正确选择学习方法,也可以说它是学习者为了提高学习的效果和效率,而有意识制定的关于学习过程的方案和对学习活动进行调节控制的心智活动。

(4) 学习途径。学习途径即学生学习的方式,既可以通过自学,也可以通过课堂学习,另外也可以与同学合作学习等,在网络时代,学生还可以通过互联网进行学习,总之,大学生学习途径是多种多样的。

二、高校学风建设的内涵及其重要意义

1. 高校学风建设的内涵

何谓学风建设?《现代汉语大词典》给出这样的定义:"建设"指的是创建新事业、增加新设施和充实新精神。由此"学风建设"四字应有如下释义:创建新学风、增加新学风和充实新学风。具体而言,学风建设,是教育者有目的地对受教育者开展活动,使受教育者在思想、知识、态度、能力、行为方式等方面产生积极的变化。学风在一定程度上能够反映出一所高校的办学品质,能在一定程度上影响大学生获取知识的成效以及大学生自身的素质提高。因此,加强学风建设是高校建设中不可忽视的一项重要工作,关乎着高校在教育界的口碑,也关乎着高校人才培养质量的高低。通过上述对高校学风的内涵、构成要素所做出的概述,我们分析得出一个结论,高校大学生学风建设内涵如下:大学生学风建设存在于学生的德、智、体、美、劳等方面发展的各个环节中,从高校培育人才的角度出发,以培养大学生形成求真务实的生活作风为目的,在学习过程中形成良好的学习风气,使得大学生树立正确世界观、人生观、价值观,进而使得大学

生志存高远、遵守相关共同的学习纪律、端正学习态度、拥有浓厚的学习兴趣、掌握科学的学习策略，进而学有所成，为社会主义现代化建设奉献出自己的力量；从高校层面分析，经由相关的教育方法和手段以及所制定的规章制度，促使大学生正确对待学习，帮助他们形成有益获取专业知识的良好学风。此外，还需要注意的是，高校学风建设是一项长期的系统的工程，不可能一蹴而就，学风建设不能仅仅停留于其自身层次上，要顺利完成这项工程，高校管理方面、教师治学以及教学方面等学风建设外部因素都要做出相应的对接。

2. 大学生学风建设的重要意义

1）有利于贯彻国家教育方针

随着我国的经济社会发展，随着高等院校招生规模的逐渐扩大，高等教育由精英化教育向大众化教育转变，这给现实中高校教育的发展带来了诸多的问题和挑战。高等教育事业的改革与发展必须要紧跟社会和时代发展的需求，不断培养出符合社会发展需要的人才。一直以来，我国非常重视高等教育的改革与发展，特别是对高等院校的教学质量与学风建设尤为重视，采取了许多的对应措施，为我国教育事业的顺利发展保驾护航。随着国家对高等教育的投入不断加大，高等院校的软件和硬件得到了明显的提升，教学质量逐渐得到提升，在一定程度上满足了我国公民接受高等教育的需求，对我国高等教育事业有着推动作用。就当前的形势而言，虽然我国的高校教育事业取得了高速的发展，但仍然存在着诸多问题。如部分政策以及制度与学校的发展存在矛盾、国家对各地高校的教育的扶持力度差异甚大、某些高校在增加招生人数的同时却忽视了学生的学风建设，这些问题的存在又很容易滋生和引发其他问题。高校是一个培养人才的地方，通过上大学，大学生可以获取科学文化知识，养成正确的人生观、价值观以及世界观，成为"有理想、有道德、有文化、有纪律"的"四有"好青年。而高校加强大学生学风建设，可以帮助大学生养成端正的学习态度和学习习惯，明确学习的目标、掌握科学的学习方法、遵守学习纪律、培养浓厚的学习兴趣，帮助他们在获取科学文化知识的同时，还能陶冶情操，塑造良好的思想品德，有利于落实国家的教育方针和政策。

2) 有利于构建新型大学

在我国的社会主义现代化建设过程中，人才起着至关重要的作用，而大学生需要接受良好的教育才能成长成才。在现实中高校面临着如何提升教学水平、如何创办新型大学这一现实问题，在解决这些问题的过程中，学风建设都起着不可忽视的作用。大学生学风是高校精神风貌的展现，从某种程度上讲学风的好坏是一所学校办学质量高低的衡量标准。从管理的角度看，良好的学风可以促进学校有序地开展教学活动，帮助学校实现全方位的自我管理，对实现大学生自我管理也起着非常重要的作用。学风与教育成果之间存在着辩证的关系，学风是教育成果的体现，同时也影响着教育过程和成果的各个方面。此外，构建新型大学需要良好的校风和学风，学风既是大学生对自身学习的内在情感倾向的反映，也是高校校风的具体体现以及品质的展示，是校风的组成要素之一。新时期高校要培育高质量的高素质人才，良好的校风是关键，而良好的学风基础不可或缺。因此，我们要做好学风建设工作，帮助大学生形成良好的学习风气，并以良好的学风带动校风，充分利用学风与校风二者的导向、团结、规范等隐性作用，最终实现构建新型大学的宏伟目标。

3) 有利于实现大学生全面发展

青年大学生是祖国的未来，是实现"中国梦"的中坚力量，对青年大学生的培养是高校所承担的一项重要使命。第一，要实现大学生全面发展，就需要大学生在思想道德素质和专业文化知识素质两个方面的水平都能得以提升。首先，学风是高校精神文化不可或缺的一项内容，学风建设是一项长期的系统的工程，对大学生的情感、理想信念等都有着重要的隐性影响和作用，是加强大学生思想道德素质的路径之一。其次，大学生在学校里的首要任务就是认真学习，获取相关的知识，加强内在的修养，为形成良好的情操、心理以及人格打下基础，而学风建设就是将大学生对待学习的态度、学习志向、学习策略、学习纪律等作为工作内容，帮助他们提升科学文化水平，确立正确的学习观，增强获取知识的能力以及科技创新能力，将他们培育成德、智、体、美、劳等各方面兼优的综合型人才。第二，教育是帮助当代大学生在各方面提升自身素质的基本途径和手段，教育过程中良好的学习习惯和学风能实现令人满意的教育成效，因此，学风建设对于人才培养有着不可忽略的作用。大学阶段不仅是大学生形成正确的世界观、人生观、价值观的重要时期，还是其智力水平、综合素质提高的关键时期。良好的学习习惯给大学生带来的影响不仅体现在校园中，还贯穿于其未来的职业发展历程。总而言之，加强学风建设有利于实现大学生各个方面健康发展。

4）有利于确保社会主义办学方向

国之大计，教育为本。高校教育事关我国高素质人才的培养，对于我国社会的发展、民族的振兴都有着决定性的意义。习近平总书记在北京大学考察时指出，国家发展同大学发展相辅相成。这不仅强调了高校教育之于中国特色社会主义事业发展的重要性，更是揭示了高校教育的阶级属性。我国高校是中国共产党领导下的社会主义性质的高校，这就决定了我国高校必须要坚持社会主义的办学方向，承担"四个服务"的重要使命。

高校学风建设作为高校的基础建设，是提升教育教学水平、改善教学管理工作、促进教育教学改革、实现人才培养目标的重要前提和基本保证。高校学风建设事关大学生的成长和全面发展，事关高校的运行和可持续发展，事关社会的建设和创新发展，在国家的教育事业中具有举足轻重的地位。因此，从理论意义上来讲，高校加强学风建设是中国特色社会主义教育事业发展的内在要求，不仅可以推动一流大学和一流学科的建设，而且有利于全面贯彻落实党的教育方针，促进社会主义建设者和接班人的培养。因此，从实践意义上来讲，高校加强学风建设是推进教育现代化、建设教育强国的战略要求。

三、 高校学风建设的历史回顾

学风建设是一个永恒的话题。从新中国成立到"文化大革命"开始这一时期，高校学风建设的重点是加强校园基础设施建设，恢复战争的创伤；加强师资队伍建设，广纳人才，充实教师队伍；加强课程体系建设和教材建设，不断完善教育教学内容体系，提高教育教学质量。现在许多著名的科学家、院士、知名专家都源于这一时期的培养，他们为社会主义现代化建设事业做出了卓越贡献。

1966年"文化大革命"开始,国家废除高考,高校停止招生,高校学风建设降至"冰点"。1976年10月,"四人帮"被粉碎,宣告了"文化大革命"的结束。1978年12月,中国共产党第十一届三中全会召开,中国社会发展进入了一个新的历史时期,中国的高等教育进入了全新的历史发展阶段。1978年教育部在北京召开全国教育工作会议,会议紧紧围绕邓小平同志的解放思想、实事求是的方针路线,提出了新时期我国高等教育领域的中心任务是"提高教学质量"。1980年5月邓小平在书赠《中国少年报》和《辅导员》杂志的题词中,对全国青少年提出了"立志做有理想、有道德、有知识、有体力的人,立志为人民做贡献,为祖国做贡献,为人类做贡献"的要求,这是最初"四有"新人的理论,1982年,"四有"新人得到进一步明确,分别是"有理想、有道德、有文化、有纪律"的社会主义建设人才。"四有"新人理论的提出,既是对中国社会主义建设经验教训的深刻总结,也是对中国特色现代化建设的战略布局。培育"四有"新人,提高教学质量,是改革开放初期高校思想政治工作和教学工作的方针指南。培养"四有"新人,必须要坚持解放思想,要扫清旧思想、旧观念,建立新学风。邓小平同志在《解放思想、实事求是、团结一致向前看》中指出,学风问题是一个十分重要的问题。这一时期的高校学风建设工作带有强烈的解放思想、实事求是的马克思主义学风色彩。这一时期,高校学风建设的主要目标是引导大学师生从"文化大革命"时期的政治狂热和荒废学业中走出来,提高教育教学质量,提高人才培养质量,培养又红又专的建设人才,为我国社会主义现代化建设做出贡献。为了促进高等学校不断提高教育教学质量,1990年,国家教委颁布中国第一部关于高等教育评估的法规——《普通高等学校教育评估暂行规定》,此规定就高等教育评估性质、目的、任务、指导思想以及基本形式等作出了明确规定。1994年初,国家教委开始有计划、有组织地对普通高等学校的本科教学工作实施水平评估。1993年2月,中共中央、国务院印发《中国教育改革和发展纲要》,这是对多年以来高等教育发展的深刻认识,也是对未来高等教育事业发展的规划。此纲要规定:各级各类学校要认真贯彻教育必须为社会主义现代化建设服务,必须与生产劳动相结合,培养德、智、体、美、劳全面发展的建设者和接班人的方针,培养有理想、有道德、有文化、有纪律的社会主义新人。

1995年3月18日，第八届全国人大三次会议通过了《中华人民共和国教育法》规定，教育必须为社会主义现代化建设服务，必须与生产劳动相结合，培养德、智、体、美、劳等方面全面发展的社会主义事业的建设者和接班人。教育法的出台对我国未来教育的性质、发展方向、发展途径、发展目标及其规格做了明确论述，对我国教育发展尤其是高等教育的发展产生了重大而深远的影响。

1998年之后国家开始颁布有关学风建设的文件，进入21世纪后，我国社会主义现代化建设事业已取得举世瞩目的成绩，高校的教育教学质量得到前所未有的重视。2001年，教育部对高校等学校开始进行随机性教学水平评估试点。2002年，教育部将合格评估与优秀评估以及随机性水平评估这种方案合并为一个方案，即《普通高等学校本科教学工作水平评估方案》。2003年，教育部在《2003—2007年教育振兴行动计划》中明确提出实行"五年一轮"的普通高等学校教学工作水平评估制度。从2003年到2008年持续开展的高校本科教学评估，把高校学风建设推向高潮。2004年12月，教育部召开了全国普通高等学校本科教学工作会议，强调一方面要坚持促进高等教育的持续发展，另一方面要更加注重深化改革与质量的提高，尤其是要重视教学质量的提高。按照此次会议精神，高等教育的工作重心从重视规模发展逐渐转移到更加重视质量上来。

2010年之后有关学风建设的政策颁布频率呈现出逐渐增强的趋势，政策规范的要点也基本涵盖了学风的各个方面。2010年之后，随着经济的快速增长，我国高等教育大众化的进程也在推进，在这一阶段，大学制度的完善和高等教育的内涵式发展已逐渐成为高等教育改革的重要组成部分，"双一流"建设促使着各高校逐渐开始关注与重视学风建设。2011年12月，教育部颁发了《教育部关于切实加强和改进高等学校学风建设的实施意见》，2012年5月，教育部颁布《全面提高高等教育质量的若干意见》，指出要稳定招生规模，提高教育质量。党的十八大正式提出要推动高等教育内涵式发展，以提高质量为核心的内涵式发展战略已成为新时期高等教育发展的主旨。内涵式发展的目标是实现人的全面发展，培养出与时代同步的现代化高素质人才。内涵式发展的理念给新时期高校学风建设工作带来了新的任务和挑战，加强和改进高校学风建设是实现高等教育内涵式发展的重要途径，由此高校学风建设进入了新的发展时期，赋予了新内涵。

通过对新中国成立以来高校学风建设的发展历程进行梳理，我们不难发现，整体而言，我国以往有关学风建设的政策既包含了法律法规，也包含了各层级的管理制度，但从学风建设对各个参与主体，即学生、教师和管理机构行为规范的角度而言，针对学生学风建设的文件就比较少了，且其大部分内容是关于学术不端行为的，由此可见，我国关于学风建设的政策还缺乏全面性、针对性和系统性。

四、高校学风建设的特点

与其他教育阶段的学风建设不同，高校学风建设有着自己独特的特点。

1. 长期性特点

学风建设是一项面广量大的工程，要想取得成效，高校必须要有长远的恒心和毅力。一方面，学风凝聚着一所高校的治学理念，体现着高校的精神文化，传承着校风的历史文化基因，并且在一定程度上标示着高校的文化变迁。它不是短时间内就能形成的，而是伴随着高校的产生而逐渐产生和发展的，并在高校长久的办学过程中逐渐沉淀和固化。学风一旦形成随即就会相对稳定，并经由一代又一代大学生持续传承，学风的恒久性和传承性决定了高校学风建设不可能是一蹴而就的。另一方面，高校学风是一个极具包容性的有机系统，其形成是建立在高校教学人员、管理人员和后勤人员共同培养的基础上，受到校风、教风以及管风的共同影响。只有校风建设、教风建设、管风建设以及学风建设多管齐下，全员、全过程、全方位开展促进，高校学习风气才能得以有效净化和改善。而这一过程也不是一朝一夕的。因此，学风建设的整体性决定了高校必须长期坚持不懈地去开展学风建设相关工作，遏制不良学风。

2. 系统性特点

高校学风建设贯穿于大学生在校期间的德育、智育、体育、美育、劳育等各个过程和环节，它是一项涉及高校各个方面的系统性工作，需要全校师生的共同努力去开展和推进。首先，在加强高校学风建设的过程中，管理人员、教学人员、后勤人员和大学生都发挥着无可替代的作用。领导者的作风、各类专业岗位管理者的管风、教师的教风均对大学生学风形成了至关重要的影响，四者之间相互联系、互促共进。其次，高校优良学风的形成是漫长而缓慢的。高校应坚持整体性的原则，将优良学风的培养贯穿于大学生的整个受教育过程，并根据不同年级的特点，有针对性地采取措施，加强对大学生的教育和指导。最后，高等教育应该以人的全面发展为目标。学风建设作为高校的基础性工程，是提升人才培养质量和水平的重要路径。高校在加强学风建设的过程中，不仅要重视大学生专业技能的提升，而且要注重陶冶其道德情操、提升其综合素养，即进行全方位的人才培养。因此，学校在加强学风建设的过程中，应秉持全员育人、全过程育人和全方位育人的理念，并运用系统理论的有关原理和方法，不断整合各方面力量从而达到建设的最佳效果。

3. 发展性特点

首先，当前我国已经进入了一个新的发展时代，经济社会取得了突破性进展，我国制造实现了创造性的飞跃，教育现代化程度得到了极大的推进，全球影响力也显著提升。新时代新形势，我国的发展对高等教育也提出了新的、更高的要求。因此，高校学风建设只有不断发展和进步，才能适应和满足高等教育发展的要求、才能适应新形势下中国特色社会主义的发展对于高等人才的需求。

其次，随着市场经济的发展、社会开放程度的提高以及电子通信工具和互联网的发展进步，影响高校学风的因素越来越多，学风建设的复杂性和艰巨性也随之增强。但与此同时，高校学风建设也得到了高度的重视，取得了长足的进步。这一矛盾斗争促使高校学风建设在不断加强、不断完善的过程中实现发展。

最后，外部大环境的发展为大学生的学习带来了许多便利的同时，也为其带来了诸多挑战。随着社会的发展和外部大环境的变化，大学生们虽然思想意识更加前卫、兴趣爱好更加广泛、身心状况更加良好，但与此同时市场经济的发展也为其带来了一定的负面影响。随着知识经济时代的到来，就业形势和社会竞争不断加剧，大学生群体承受着巨大的压力，对未来充满着迷茫。大学生群体主观选择的多向性在一定程度上也影响着高校学风建设的发展。

第二章
高校学风建设的现状

学风建设作为高校基础性和关键性的建设，已经日益得到了国家和高校的高度重视。随着学风建设广泛、深入地开展，高校在学风建设方面取得了一定的成效，但也面临着一些亟待解决的问题。为了促进学风建设的顺利开展，推动高校优良学风的形成，有必要对当前高校学风建设的现状进行全面的了解，综合分析其取得的成效以及存在的问题，只有这样才能够有的放矢地提出有关加强高校学风建设的对策，增强高校学风建设的实效性。

一、高校学风建设取得的成效

在高等教育快速发展的大背景下，国家教育主管部门以及高校自身都高度重视高校学风建设工作。随着相关工作的陆续不断开展，高校学风建设的制度更加规范、平台更加多样、成效更加凸显。新时代高校学风建设要有所作为，学风建设工作仍然在路上，高校应在已有良好的工作基础上坚持不懈，继续加强学风建设工作，以进一步巩固和提升学风建设的效果。

1. 学风建设得到普遍重视

近年来，国家教育主管部门逐渐加强了对于高校学术道德及学术风气的建设，并采取了一系列措施推动此项建设。一是加强组织机构建设。2006年5月，教育部在北京成立了教育部社会科学委员会；2009年，教育部科学技术委员会增设了学风建设委员会。为了有效遏制不良学术行为，教育部在2009年成立了学风建设协调小组。相关组织机构的成立是推进我国高校学风建设进程的关键性举措,对于加强学术道德、转变不良学习风气有着举足轻重的意义。二是出台相关规章制度。教育部先后出台了《教育部关于切实加强和改进高等学校学风建设的实施意见》(2011)、《高等学校预防和处理学术不端行为办法》(2016)、《关于进一步加强科研诚信建设的若干意见》(2018)等一系列相关政策文件来指导各高校切实有效地开展学风建设相关教育及治理工作。三是开展一系列相关工作。教育部相继开展了"高校学风建设专项教育和治理行动(2012—2014)""全国科学道德和学风建设宣讲教育报告会"等一系列加强学风建设的工作,随着这些工作的陆续展开,高校学风建设的形势有了重大扭转,高校学风状况有了明显的改善和提升。

在党中央和教育部相关会议精神和制度文件的指引下,全国高校以"立德树人"为根本任务,加强了对于高校思想政治教育工作的重视,以切实提升党对高校教育教学工作的领导水平。清华大学党委书记陈旭表示:清华大学在未来的发展中将坚持正确方向、坚持立德树人、坚持服务国家、坚持改革创新,努力在创建世界一流大学方面走在前列。中国人民大学党委书记靳诺提出:中国人民大学将践行"立学为民、治学报国"的办学宗旨,始终不渝地坚持党的领导,坚持马克思主义指导地位。南开大学原党委书记魏大鹏曾说:南开大学在办学过程中会全面贯彻党的教育方针,落实立德树人根本任务,弘扬南开优良传统,扎根中国大地办大学。高校对于党的教育的正确认识是切实提升高校各项工作质量的重要前提。因此,高校只有坚持习近平新时代中国特色社会主义思想,充分发挥学校党委的重要作用,勇于担当起高校的政治责任,才能切实提升学校的教育教学质量。

在教育部及各学校党委的号召下,高校相关部门及师生群体逐渐增强了自身的主体责任意识并共同参与到了学风建设工作中来。一方面,高校教师及管理人员的学风建设意识进一步增强,并努力通过日常的教育教学及管理推动学风建设工作的开展。例如,山东理工大学先后制定和推动了两期"山东理工大学学风建设行动计划",从顶层设计上对学风建设做了指导规划,紧紧围绕"教师、学生和课堂"三个重要环节,注重抓好班级和宿舍建设,在全校师生中开展以"我与学校同发展""学校大发展,我该干什么"为主题的大学习大讨论,采取多种措施狠抓学风建设,取得了丰硕成果,教风及学风有了很大的提升。在学校的引导下,大学生群体也积极响应学校优良学风建设的号召,并主动投入到多种多样的学风建设活动之中。例如,2017年,复旦大学的研究生会及学生会在学校有关部门的指导下积极发动广大学生开展了校风学风大讨论,同学们集思广益,积极建言献策,并最终形成了《复旦大学校风学风建设倡议书》。这次活动大力推动了复旦大学学风建设热潮,加深了同学们对于学风建设的了解及重视,为同学们正确学习观的树立营造了良好的氛围。天津工业大学纺织科学与工程学院在2018年11片举办了以"大学学风建设老师/学生是关键"为主题的辩论赛,并全程进行了网络直播。这次辩论赛不仅有效活跃了校园文化气氛,还增强了大学生对于高校学风建设的深刻了解,从而推动了学风建设观念往深里走,往实里走,往心里走,保证了学风建设各项工作落到实处。

2. 规章制度得以逐渐完善

学校的规章制度不仅是维护学校正常工作秩序、提高学校管理效率的重要保障,而且也是学校各项工作运行的基本遵循。高校学风建设效果的提升,同样也离不开制度的刚性支撑作用。随着我国高校教育体制改革的不断深化以及学风建设理念的不断提升,高校在加强学风建设过程中也越来越重视制度建设,并在贯彻落实中央有关政策文件的过程中逐渐建立了相关组织机构,健全了相关规章制度。

1) 高校普遍建立健全了学术道德规范管理机构

例如,北京大学于2007年1月在校委员会下专设学术道德委员会,负责评估学校学术道德方面的方针政策以及调查处理相关问题;东北大学于2014年10月设立教师聘任委员会,负责对本校各级岗位人选进行评议并提出学术评议意见;厦门大学于2014年4月成立学术委员会学风委员会,负责制定相关章程以及指导本校学风建设;中南大学于2016年11月调整了学风建设工作机构,在学风建设领导小组下设立1个工作小组,负责管理学风建设以及处理学术不端行为;天津工业大学于2018年4月决定成立"学风建设专项工作组""辅导员队伍建设专项工作组""学生安全法制教育专项工作组"以形成学风建设合力,促进本校特色成果的形成。作为高校学风建设的首要步骤，组织机构的规范与完善不仅保证了国家有关法律法规和学风建设相关文件的落地落实，同时还保证了每一个部门工作职责清晰、正常运行，从而使得学风建设不再停留于口头，而是取得实质性的推动。

2）各高校在不同程度上修订完善了相关规章制度，以促进优良学风的建设

一方面，高校普遍针对本科生群体制定了相关规定，如中国矿业大学出台了《中国矿业大学（北京）学术道德行为规范》（2012）等制度规范；西安交通大学制定发布了《关于加强和改进本科生学术道德和学风建设的通知》（2012）等。另一方面，一些高校也建立健全了有关研究生群体和教师群体的规章制度。如浙江大学在2008年根据学科门类出台了《人文学科类研究生学术规范》《理学类研究生学术规范》等相关条例；同济大学以及中南政法大学等高校出台了关于本校有学术不端行为的教师在职称评定过程中的"一票否决制"等。此外，还有一些高校从学风建设的硬性指标入手，颁布了相关办法，比如，中国地质大学（北京）将学风建设工作列为领导干部政绩考核和有关部门业绩考核的项目；南京农业大学将学术不端行为记录作为了教师科技管理、人事管理以及研究生管理中的重要依据等。规章制度的逐步健全和完善使得高校学风建设得到进一步加强，学术造假行为被大大遏制，不良学风状况得到了极大改善。然而由于我国高校外部和内部环境的不断变化发展，高校制度建设的脚步还不能停歇。在中国特色社会主义发展的关键时期，高校制度建设更应做到与时俱进，以适应高校人才的培养目标，适应新时代社会主义现代化建设的新要求。

3. 路径平台得以不断优化

作为一项复杂的系统工程，高校学风建设相关工作的开展依赖于多样化的平台和丰富多彩的方式方法。高校学风建设的平台构建，不仅为学风建设工作的实施提供有利的环境，而且在潜移默化中能够有效遏制大学生中存在的不良学习风气，从而增强学风建设的实效性。因此，高校在学风建设过程中纷纷优化建设平台，创新建设方式，为优良学风的形成提供有力的保障。

1）搭建网络新媒体平台，拓展育人阵地

随着网络信息技术的飞速发展，"互联网＋教育"已成为我国教育领域的后起之秀，新媒体也已经成为我国高等教育以及大学生日常生活的重要组成部分。在这样一个机遇与挑战并存的新时代，高校教育工作者纷纷积极建设网络思想政治教育阵地，拓展网络学风建设新平台。目前，高校普遍建立了学风建设专题网站，规范和完善了网络内容。有的高校还将新媒体的优势和本校特色相结合，促进了本校学风建设网络平台的个性化发展，提升了学风建设工作的效果。

2）搭建校园文化活动平台，丰富教育路径

作为大学教育的第二课堂，丰富多彩的校园文化活动在大学生知识结构的构建、思想道德素质的提高、综合能力的培养以及良好的学风养成中发挥了极其重要的作用，成为高校加强学风建设的有力平台。各高校纷纷展开了多种多样的活动，大力促进优良学风的建设。其中，有的高校通过开展学术报告、就业指导讲座等活动，以端正大学生们的学习动机，增加其学习热情；还有的高校开展各类学风建设相关主题教育活动，如山东理工大学每年都开展学风建设主题月活动，通过主题月一系列校园文化活动的开展，来营造良好的学风建设氛围，促进优良学风的形成。通过这些校园文化活动平台的构建，高校学风在不同程度上得到了改善。

3）搭建协同育人平台，整合育人资源

协同育人是指不同的教育主体立足于共同的人才培养目标，充分发挥多方融合育人的优势并且整合各方有利资源而形成的一种创新育人模式。高校通过构建多方协同育人创新平台，可以有效整合各方有益的教育资源，促进高素质人才的培养，而且能切实提高大学生对于国家和社会发展的支撑力、贡献度。随着我国高校教育改革的不断深化和教育现代化的持续发展，在加强学风建设的过程中，高校也在不断构建协同育人新平台。山东理工大学等高校通过深化校企合作，为学校的实践教学提供了良好的平台，山东理工大学在教育部2020年第一批产学研合作项目中，立项项目总数位居全国首位，有力地促进了创新型应用型人才的培养；吉林大学等高校通过搭建科教协同育人平台，实现了高校与科研院所的互动和互补，加强了对于国家高层次人才的培养等。

4. 学风建设工程初见成效

在习近平新时代中国特色社会主义思想的指引下，各高校积极开展学风建设工作，以期更好地落实立德树人的根本任务、提高人才培养的质量和水平。随着各项工作的逐步落实，高校学风建设氛围更加良好，学风建设工作初见成效，大学生中存在的不良学风得到了一定程度的遏制。

1）高校思想政治教育课程改革促进了高校思想政治教育的创新发展，为高校学风建设工作营造了良好的德育环境

为深入落实习近平总书记的重要讲话精神，一些高校先试先行，就如何形成"三全育人"新格局、实现全部课程同向同行，进行了大胆的尝试和探索。其中，上海市高校率先垂范，开启了德育课程改革之旅。上海市高校在构建全员、全课程育人体系的过程中，逐步形成了"课程思政"教育理念，广泛推广"课程思政建设"。山东理工大学以课程改革为突破口，积极推进思政课程和课程思政建设，提出相关建设要贯穿于学生四年发展过程不断线，各环节都要设立建设标准，构建出一整套完善的建设质量保障评价体系。各高校积极推进课程思政改革，打破了思政课教师唱"独角戏"以及仅仅依靠思政课进行育人的窘境，全员育人、全方位育人、全过程育人，激发了学生学习的内在驱动力，开创了高校思政工作的新模式，同时也为高校学风建设工作的进一步推进提供了新思路、开创了新局面。

2）高校学风建设成效已经开始显现，不良学习风气有所遏制

大学生是学风建设的核心，也是学风建设的直接受益者，学风建设的一系列工作都是围绕大学生来展开的，学风建设的工作成效也首先体现在大学生身上。根据调查显示，大学生群体中学习状况总体情况良好，绝大部分大学生拥有较为明确的学习目标；大部分学生可以做到严格遵守校规校纪，并有认真做笔记、提前预习等较好的学习行为习惯；大多数大学生学习生活的精神面貌较好，且能积极参加社团活动以及课外实践等活动。

虽然学风整体状况良好，但现实中仍然还存在着一系列不良学风的现象以及扰乱高校学风的行为。同时，各个地区的高校之间、各个层次的高校之间以及各个高校中不同专业、不同年级之间的学风状况是参差不齐的，高校学风建设工程仍有很大的进步空间。为了进一步促进优良学风的形成，

提升高校育人的质量和水平，仍应继续关注和高度重视高校学风建设工作，并且继续深入和完善学风建设相关对策措施。

二、高校学风建设中存在的问题

总体而言，我国高校学风建设已经取得了一些成效，不良学风现象有所改善。但在高校优良学风形成的过程中仍存在着一些不容忽视的问题，如高校层面，还存在着思想认识有待提高、制度执行力度有待提升、"三风建设"融合性尚待加深等问题；学生层面，大学生自身在学习志向、学习兴趣、学习行为以及学习主动性方面也表现出不同程度的学风问题，这些问题都需要予以重视并加以解决。学风建设仍在路上，其中就高校而言，须积极落实学风建设相关工作，切实增强高校学风建设实效性，从而为新时代人才的培养营造良好的氛围。

1. 思想认识有待进一步提高

正确的认识是实施学风建设、增强学风建设实效性的前提和基础。高校只有通过提升师生群体对学风建设工作的认识，增强其积极参与学风建设的责任感和紧迫感，才能切实有效地促进良好学风的形成。然而，当前一些高校师生群体对学风建设工作认识和重视程度还不够，导致了在加强学风建设工作的过程中没有充分发挥师生群体的共同合力，从而影响了学风建设工作的成效。

1）对思想政治教育与学风建设之间的关系认识不够

高校思想政治教育与学风建设是相辅相成、互促共进的，加强思想政治教育的过程在一定程度上也是加强学风建设的过程。一些高校对推进思想政治教育课程改革的重要性和紧迫性缺乏理性的认识，因此在学风建设过程中不能够充分发挥思政课程与其他课程的协同育人作用，不能有效地提升学风建设的效果。此外，由于高校德育课程改革工作难度较大，且还处于探索阶段，尚未形成可广泛应用的整体方案，在全国范围内可供参考的成功经验尚不充分、不成熟，因此，思政课程与其他课程还不能完全融会贯通。部分师生群体对思想政治教育也在一定程度上存在着缺乏理性认识的现象，一些专业课教师在教育教学过程中仍存在着重知识技能传授、轻德育的现象，一些大学生对于思想政治相关理论知识的价值也缺乏认同，在学习过程中会更侧重于对专业技能的学习。

2）部分师生群体在高校学风建设中的主体责任意识仍需加强

一些高校教师责任意识不强，对于自身在学风建设中的主导作用认识不够。例如，有的教师偏重于科研，与学生之间缺少良好的沟通，未能与大学生形成良好的师生互动关系；有的教师对于科研诚信的认识不足，在学术研究的过程中存在着急功近利的思想，出现了重数量轻质量、篡改数据、抄袭剽窃等违反学术道德的行为。此外，少数部门以及部分教师的全员育人意识有待加强，高校尚未形成一个全员育人的有机整体。比如，部分专业课教师缺乏协同育人意识，认为学风建设只是思想政治课教师和辅导员的事情等。

3）认知上存在偏差

一些大学生群体对学风建设的认识也存在着不到位的现象，对自身在学风建设中的主体作用缺乏正确的认知。例如，有的大学生认为学风建设属于学校或教师的工作，与自己没什么关系；有的大学生对于学习缺乏必要的主动性和自觉性，甚至缺乏学术诚信意识，在学习过程中产生了作业抄袭、考试作弊、篡改实验数据、论文剽窃等行为。

2. 制度执行力度仍需提升

制度是高校形成良好学风的刚性支撑和重要保障。它可以把优良学风形成有利因素具体化、条例化和规范化，并在指导和规范良好学风的形成中发挥重要作用。制度建设是加强高校学风建设必不可少的环节，各高校已在不同程度上建立和完善了相关的规章制度，也取得了一定的效果。但一些高校在制度建设方面仍然存在着一些不足之处，主要体现在以下方面：

1）规章制度的建立健全工作仍需加强

尽管高校都加强了对大学生相关管理制度和条例的建立和健全，但仍存在着一些亟须重视和强化的问题。例如，一些高校对大学生学习成果的评价制度和评价体系方面还存在着一定的不足，一些高校对于大学生的考核评价制度不够先进，部分高校的就业教育制度和体系也不够完善等。还有一些高校有关教师的相关规章制度还不够完善，例如，缺乏有效的激励机制、对教师的评价机制还有待健全等。

2）对于规章制度的宣传工作仍需加强

有的高校虽然已经认识到并加强了规章制度的建设，但却对学风建设相关制度的宣传工作没有充分重视。由于高校相关管理人员和相关组织机构对于学风建设的宣传力度不够以及宣传方式欠佳等原因，导致大学生群体对于学风建设的认识还不够全面和深刻，这在一定程度上削弱了其主体意识，降低了其参与学风建设的热情和积极性，不利于高校学风建设工作的开展。

3）对于规章制度的执行仍需落实，力度仍需加强

这主要体现在三个方面：首先，一些大学生在执行规章制度方面偏离了预期的结果。其次，有些老师在执行规章制度方面过于敷衍。例如，考试没有得到认真的监控等。最后，有的高校对于学风建设相关规章制度没有有效落实，出现了执行力度不够甚至是无法执行的现象。部分大学生中出现了对于规章制度的遵守和执行偏离预期结果的现象，例如，不遵守课堂秩序、不遵守考风考纪、不能保证作业质量等；部分教师在执行规章制度过程中存在敷衍了事的现象，例如，教室的秩序没有得到严格的管理，教学没有得到重视等；部分高校管理者对于规章制度的管理和执行不科学，例如，不能坚持常抓不懈、不能与时俱进以及灵活创新、没有立足学生实际等。高校要确保学风建设能够取得成效，就必须要狠抓制度建设，坚持与时俱进、建立健全相关规章制度，并在此基础上，重视强化宣传和落实工作，以确保制度建设能够真正得到贯彻执行，从而真正保障高校优良学风的形成。

3. "三风建设"融合性尚待加深

高校学风建设是一项多层次、多结构的复杂的系统工程，它涉及学校的方方面面。在现实中要想使学风建设有所成效，全校师生必须积极参与、全员出动，各个职能部门必须通力合作、齐抓共管，各项学风建设相关工作必须相互协调、良性互动。同时，高校学风建设也不是一项独立存在的工程，它与高校的其他建设紧密相连、相互依存。为了促进大学学风建设的良性健康发展，我们必须要协调好学风与校风以及教风建设之间的关系，从而实现各种建设相互促进、共同发展。高校在加强学风建设的过程中开展了多种多样的活动，也取得了一些成效。但部分高校在校园文化的开展

方面还存在些许不足。具体表现在以下几个方面：部分高校在开展学风建设的过程中仅以大学生作为对象，而忽略了高校教师、高校管理人员和其他相关人员的参与，没有认识到教风和校风建设对于学风建设的重要性，没有认识到学风建设不应是一个独立存在的工程，没有实现学风建设、教风建设以及校风建设之间的有效整合，因此，不利于促进学风、教风以及校风之间的良性互动。这不利于校园文化活动建设的长效机制的形成，也不利于各种文化活动的有效整合，达到事半功倍的效果。也有一些高校在加强学风建设、培养优秀大学生的过程中，只注重灵活、多样、活泼、有趣的活动的发展。并没有将活动形成体系，不利于校园文化活动建设长效机制的形成，不利于有效整合各种文化活动的合力。还有一些高校在加强学风建设的过程中仅仅注重培养大学生良好的学习思维和行为习惯，忽略了考评活动对于学风建设的诊断、导向以及激励功能，不能全面了解学风建设的不足，不能有效促进大学生综合素质的提升。

因此，高校在加强校园文化建设的过程中应坚持系统论的原则。一方面，要认识到学风建设和教风建设、校风建设之间的联系，特别是教风建设以及校风建设对于学风建设的重要作用，从而推动高校"三风"建设良性互动，共同发展。另一方面，要认识到校园文化活动建设的整体性，在增加活动多样性和趣味性的同时，统筹协调各种校园文化活动，充分利用各类校园文化活动的优势、全面推进校园文化建设。

4. 大学生学习态度尚需改进

学风建设是高校的永恒主题，多年来高校积极响应党中央号召并切实采取措施加强学风建设，工作成效开始凸显，整体风气呈现良好态势。但由于当前主客观等多种因素的影响，高校的学风建设工作仍存在着短板，大学生仍在不同程度上存在着一定的学风方面的问题。

1）部分大学生缺乏远大的学习志向，没有强有力的学习动力，学习目标模糊

学习志向对于大学生来说是十分重要的，它贯穿于每个人的学习生涯中，是获取知识的动力源泉。学习志向由获取知识的动机和目标组成，大学生学习动机是他们要去获取知识的内部因素，是主观促进因素；而获取知识目标是要通过一系列认知与实践、最终要取得的效果的外在因素。当

前部分大学生能做到常立志,却没有立"长志",缺乏强有力的学习动力。一部分大学生只是为了期末考试顺利过关,最终能顺利毕业;一些大学生学习是为了寻找未来的高薪工作;也有一部分人进入高校学习只是满足自身的虚荣心。他们只顾着眼前利益和自身利益,而忽视了自身精神追求,忽视了家庭、集体、甚至国家的利益。另外,还有许多人学习目标模糊,没有弄清学习的意义。这些都是当代大学生在学习志向上存在的系列问题。

2)部分大学生对所学专业认同度低,学习兴趣不浓厚,学习态度不端正

一些大学生在填报志愿时未能对所报专业深入了解,上了大学后发现实际情况与当初所想偏差过大,还有一些大学生在录取时被调剂到其他专业,这些情况都导致了现实中对专业认同度偏低现象的出现,甚至出现了厌恶学习的情况。与此同时,高校某些专业设置不太完善,社会发展对一些行业需求的限制,一些冷门专业的学生很难就业,这样就加剧了大学生对所学冷门专业的不认同趋势,最终导致学习效果较差。

3)部分大学生学习方法不正确,学习成效不理想

大学生的学习是一种实践活动,学习方法和策略在这一过程中至关重要。当前大学生学习行为方式主要分为三大类:第一类是以教师为主导,大学生获得相关专业技能知识;第二类是大学生自主学习类型,通过有关平台和相关资源的运用独立学习;第三类是集体参与学习型,有共同研究兴趣的大学生聚在一起探讨学习相关知识内容。对于学习,每个大学生都有属于自身的学习方法,但是他们拥有的学习策略是否科学、正确、有效,需要由最终的学习成果来检验。一些大学生学习相当勤奋、刻苦,上课时认真听讲、做好笔记、独立自主地完成了老师所教的课后作业任务,但是最终成绩却不尽如人意;也有一些学生以优异成绩考入大学,就读于自己的理想专业,平时认真刻苦,可是部分课程成绩一塌糊涂。这些问题的出现反映出他们的学习方法在不同程度上存在一定的问题。这部分大学生主要的问题就在于其学习方法不能与实际结合,从而无法做到理论和实际相结合。还有部分大学生学习自主性不强,总是被动的学习,在学习步骤上出现了前后倒置的情形,学习效果自然大打折扣;还有一部分大学生只注重理论知识的学习,从知识字面上去理解,没有做深入的探究,忽略了实

践的作用,导致学习的效果较差。

4)部分大学生学习纪律散漫,学习行为不规范。

大学阶段的学生管理方式和中学阶段的学生管理的方式存在很大差异,各个高校也提倡学生自我管理成才,但由于受到各种因素的影响,最终相当一部分大学生不能在大学实现这一目标。部分大学生进入大学后思想和学习行为变得懒惰,对大学明文要求的基本校规校纪置之不理,生活中沉迷玩耍,学习不认真。还有一部分大学生自控力差,无法自我约束,荒废学业,上课睡觉、玩手机,迟到早退现象时常发生。目前一些大学生的诚信问题也值得深思。部分大学生想不劳而获,忽视诚信原则,靠投机取巧,来达到他们的最终目的。这些行为表现体现不利于大学生个人的成长发展,同时也对高校学风建设形成了一定的冲击。

第三章
健全规章制度，保障优良学风的形成

道德的自觉要求一定的制度保障，同样，良好学风的形成也要求高校要为其提供良好的制度环境。其中，规范合理的制度是营造良好制度环境的基础，大力宣传和培养大学生的制度意识是营造良好制度环境的途径，有效落实和发挥制度的保障作用是营造良好制度环境的关键。因此，在加强学风建设的过程中，高校不仅要建立健全规章制度，进一步形成良好学风的制度保障，还要加大力度宣传规章制度，培养大学生遵纪守法的良好意识，更要强化和推动制度的落实，保障制度长效育人功能的发挥。

一、健全管理规章制度，形成良好学风的制度保障

为了有效地开展高校学风建设工作，就必须要有强有力的制度保障以及先进的理念来指导具体工作的开展。规章制度的规范和健全是发挥其重要作用的必要先决条件，是高校加强制度建设的首要条件，是思想政治教育在高校学风建设中控制作用的集中体现。在加强规章制度建设的进程中，高校必须要始终围绕高等教育目标，同时要立足于本校实际，在保证规章制度相对稳定性的同时，做到与时俱进、规范健全。

1. 重视和加强管理制度建设

重视和加强高校学风建设管理制度建设。各个高校必须在思想层面和日常工作中重视各项管理制度建设，强化推进制度的落实和开展。当前，高校学风建设是高校发展的永恒主题，这一主题离不开制度的保障，相关制度的完善能够保障大学生形成良好的精神面貌、正确的价值观、良好的

学风及行为习惯。现实中高校要以服务学风建设来加强学校内部各个部门管理、教师教学管理以及大学生管理等制度的建设，如制定和完善《大学生行为规范手册》《大学生日常管理制度》《大学生考试制度》以及完善大学生学风建设其他相应制度，纠正大学生在日常学习生活中的不良行为习惯，狠抓诚信及考风，同时对违反校规校纪的大学生做出合理的处罚，对学习状态良好、学习态度端正、学习成绩优秀的大学生进行表彰，在制度下运用批评和奖励的两种方式帮助大学生养成良好的行为规范，将大学生个体在学习及生活中的表现与在校园或者社会集体项目的表现结合起来，制定相关制度和规定，并以此为依据对学生进行表彰，以期达到促进高校大学生优良学风形成的目的。在此过程中高校还要充分考虑相关制度和规定内容的科学性和完整性，从而提升学风建设的实效性。

构建符合高校学风建设现状的理念。结合当下大学生学风现状以及高校发展实际，高校要坚持"强化基础、狠抓管理、重点养成"的学风建设理念，要将学风建设当成一项基础建设来落实，在管理方面，自上而下，校级、院级、系级以及班级共同作用于大学生学风建设，明确各自职责，做到各尽其职，形成合力，共同推进学风建设各项工作的实施。

2. 健全大学生相关管理条例

高校在建立健全大学生相关管理条例时，应紧紧围绕政策思想，同时要立足于本校实际状况，制定出科学、可行的实施方案。高校在取得既有成效的基础上，还应加强以下相关条例的建立健全。

1）要适应新形势，加强考核与考评模式的改革，采取形式多样的考试考核方式

现阶段我国高校的课程考试一般都是以一考定成绩，即期终考试的形式进行，通常表现为期末考试或期中考试。在高校，期中考试是指在一个学期中期进行的期终考试，期末考试是指在一个学期的末期进行的期终考试。期终考试只有一次，好坏都取决于该次考试成绩。因而，对于一个大学生来讲，一考定成绩给学生们带来了巨大的压力。因而，个别大学生们迫于这种巨大的考试压力往往铤而走险甚至不择手段去作弊。从心理学的角度上看，压力是动力的来源，压力越大动机越强烈。因此，改革现有课程考试考核方法有利于减少大学生作弊现象的发生。高校应注重过程考核，

教师可以将考试分为多个环节，并在课程结束时依据各个环节的成绩对学生做出综合评定，同时，也可以适度降低期终考试成绩所占比重，提高其他环节所占比重。若因现实因素限制而无法进行多环节评定成绩，也可以通过降低课程考试成绩比重的方式来减轻学生的压力，提高到课出勤、作业论文成绩、课堂表现以及对知识的灵活运用程度方面的比重，让学生重视自己平时的表现，积极对待课堂和作业论文。此外，高校和教师还要大力改革课程考试出题的内容形式，灵活出题，不要死记硬背，要考核学生的综合运用能力和实践能力，让学生无书可翻、无答案可抄，降低作弊率。因此，改革课程考试体系，完善课程考试制度对高校学风建设意义重大。

2）高校应进一步完善学术道德规范的相关规定

《大学生学术道德规范管理条例》应该对基本的学术道德规范、学术道德委员会的职责、学风和学术失范行为的认定和举报，以及对学风和学术失范行为的处理要做出明确和详细的规定。高校应结合本校实际及学科特点，制定操作性强的《大学生学术道德规范管理条例》，在条例中对学生逃课、考试作弊等不良学习行为，篡改数据、请人代写、抄袭论文等学术不端行为从定义、表现形式到惩罚规定和申辩程序等方面都要作出详尽的规定，罗列出具体行为表现，明确指出哪些是道德的底线以及具体的惩治措施。高校在制定规范管理条例过程中可以让学生参与其中，广泛征求学生意见，经过学生投票通过，借此也对学生进行自我教育。在学术规范的可操作性上，可以借鉴美国的研究生荣誉制度，其制度的一个重要特点是，"不以直接命令的形式来告诉学生应遵守哪些规范，而以通过陈述违规行为的具体表现而使学生明确哪类行为是违规行为"。一个有效的学术道德管理体制和工作机制能形成强大的合力，为学术道德建设提供组织保证，对加强学术道德教育、营造良好的学术氛围、培养和引导遵守学术规范等有直接的促进作用。

3）高校应完善就业教育制度

通过开设就业教育和生涯规划课程、举办就业指导讲座、建立就业形势与政策和信息公布制度、开展就业咨询活动等，把就业教育贯穿于学生大学生活的始终。这有利于增强大学生的竞争意识和危机感，从而增强大学生学习的内在驱动力。

3. 严格教学管理机制

1）加强和完善教学运行管理。

当前在大多数的高校中，是否进行课堂考勤基本都是由任课教师自行决定，具有很大的人为因素。有的任课教师随机考勤几次，有的则一次考勤都没有，也有一些教师几乎每节课都要进行课堂考勤，课堂考勤具有很大的随机性和显著的差异性。高校应根据自己的实际情况对本校的课堂考勤进行系统规范，统一教师课堂考勤频率。对于考勤结果，要合理地使用，考勤结果直接与课程考核和考试成绩关联。除此之外，为避免出现平时逃课考试作弊的现象，高校应建立大学生出勤记录档案，由任课教师和班干部负责考勤并提供给学院，再由班主任和辅导员负责及时整理并对缺席严重的学生进行公开批评与处罚。只有严格规范的课堂考勤，才能大幅度减少学生的迟到早退逃课现象，营造良好的学习氛围。

2）严明课堂纪律

规范的课堂秩序和良好的课堂纪律可以为学习提供良好的课堂求知环境。为此高校要注重规范教师的教学行为，为学生树立榜样。俗话说，上梁不正下梁歪。教师要发挥好爱岗敬业、为人师表的示范作用，严守职业道德，自觉遵守好作息时间，杜绝擅离教学岗位的现象；要规范学生的课堂行为，加强课堂管理，对课堂负责，严明课堂纪律，制止课堂违纪行为。学校要加强对课堂秩序进行监管和督察，班主任、辅导员要深入课堂进行督促检查，配合教师加强对课堂教学秩序的管理，随时掌握学生的学习动态。

3）加大学风管理力度，规范大学生学习行为

教育组织个体行为理论认为，个体行为的产生是由内部和外部刺激产生需要，由需要产生满足需要的行动，行动又指向一定的目标，由此个体的需要才得以满足，即刺激—需要—行为—目标—满足。对组织管理中的大学生学习行为进行分析，将个体行为划分为个体需要与动机，个体行为的认知、态度、价值观和个体行为的意志、情感及能力。对其行为进行规范需要自身的自律，同时也与外部条件的制约是分不开的，因此要建设优良学风，高校必须要加大学风管理力度，规范好大学生的学习行为。

4. 强化教学激励机制

教学工作是学校的中心工作，教师是学校教学的执行者和主心骨，对

教学质量有着重要的影响。完善高校教师教学激励机制可以提高教师的教学水平，同时也有利于人才培养质量的提高。

1）高校应建立健全相关物质激励机制

物质激励是激励的最基本的方式，高校在学风建设中要扩大激励面，在建立健全物质激励机制时一定要坚持社会主义办学方向，本着社会主义物质利益的基本原则，坚决杜绝一切向钱看齐的思想和行为。

2）高校要建立健全相关精神激励机制

要建立合理的教师内部竞争体制，科学聘任教师，合理考核教师，坚持公平、公开、公正原则，营造一个积极向上的职业环境，增强教师职业责任感和归属感，调动教师教书育人的积极性和创造性，激发教师的教学热情。山东理工大学一直以来非常重视教育教学工作，在强化教学激励机制建设的过程中，还积极争取和引入社会资源。为激励学校教师教书育人的使命感和责任感，鼓励教师专心于基础教学，积极开展教学研究与改革，提高教学质量，学校与奥琦玮信息科技（北京）有限公司合作，在学校设立奥琦玮优秀教师奖，参评教师应长期从事教学工作，师德高尚、教学水平高、学术造诣深、教学效果好、学生受益面广，且须具备以下基本条件：学校全职在岗一线教师，从事教学工作5年以上（含5年）；潜心教学，有扎实的理论基础，原则上连续主讲3年以上（含3年）本科基础课程或学科基础课程，教学效果好；近三年学生教学质量评价优良，近两年均获教学质量奖；治学严谨，成果丰硕，积极开展教学研究和教学改革，并取得一定成绩；无教学事故、无其他行政记过处分；以学生为中心，注重学生辅导，教学资源丰富。奥琦玮优秀教师奖每学年评选一次，对评选出来的优秀教师，在给予一定的物质奖励的同时，学校还每年举行颁奖大会予以表彰。

二、落实规章制度，发挥制度的长效育人功能

理论的价值在于实践，规章制度的价值在于落实。因此，在制度建设的过程中，高校必须坚持理论联系实际的学风，要在建立健全学风相关规

章制度并加强宣传的基础上,切实将规章制度落到实处,使其真正发挥到约束规范、长效育人的作用。贯彻和落实相关的规章制度是高校进一步加强制度建设的关键环节,是学风建设能够顺利进行的重要保障。高校必须对已制定的规章制度严格并且持之以恒地执行,同时,在执行的过程中要坚持以人为本的理念,体现管理育人、服务育人的中心思想。

1. 在规章制度正式推行之前,必须要确保相关执行人员到位

执行人员负责相关规章制度的具体执行与落实,是制度有效执行的有力保证。执行人员的素质对执行结果有着非常重要的影响,为了进一步提升执行的效果和效率,必须加强对执行人员的管理和培养,提高执行人员的整体素质。一方面,要合理调配相关的管理人员。高校应成立专门的领导小组,统筹协调和管理各相关部门,形成各部门之间的联动机制,促进各部门之间的交流与合作;在遴选相关管理人员时,要严格把关,严格管理,提升管理人员整体素质,并确保相关管理人员在相应岗位上发挥最大作用;为保证管理工作的成效,高校还要调配优秀的相关管理人员成立反馈机构,采纳有效的建议,以推动学风建设的进行。另一方面,高校应建立一支专业化的工作队伍。在此过程中,高校须层层把关、严格考察、科学培训,提升和实现队伍的科学化和专业化水平。高校也可选拔优秀的学生干部组建学风建设学生工作队伍,以增强大学生的主体性,促进规章制度更加有效的贯彻执行。

2. 提高大学生的素质和执行规章制度的能力

大学生是相关规章制度的受众群及主要执行者,他们对规章制度是否能够接受以及接受的程度直接关乎着相关工作的开展。为此,高校有必要充分了解大学生对于制度的需求与认同情况,从大学生的角度出发为他们解读相关的规章制度,让他们充分认识到高校加强学风建设的意义所在,而不是强迫学生去被动地接受和执行。同时,教师应以学生为本,在课堂上多贯穿一些规章制度的解读,课后要多与学生进行交流和沟通,并及时进行反馈,进而使规章制度的作用发挥到最大化。

3. 进一步优化相关规章制度的执行环境

首先,要优化执行规章制度的经济环境。足够的经费支持是有效落实和执行规章制度的必要条件。高校要确保及时拨付用于学风建设的相关资金并合理分配经费，为实施规章制度的执行奠定良好的基础。

其次，要优化执行规章制度的政治环境。高校须引导大学生们正确认识和理解与学风相关的规章制度，并不断向大学生普及新政策，解读新思想，保持其思想上的先进性。

最后，要优化执行规章制度的文化环境。良好的文化环境是制度得以有序执行的重要保障，而良好文化环境的创造需要高校的高度重视和资金上的大力支持，因此，高校应加大对校园文化建设的人力、物力及财力投入和支持，全面推进相关工作的深入开展，从而最大限度地保障相关规章制度的有效落实。

4. 完善高校学风建设监督机制

监督机制不仅可以进一步促进相关规章制度执行实施的规范化标准化，而且也可以进一步提升制度执行的效率。一方面，我们必须要从外部加强对高校的监督。政府应加强对高校学术氛围建设的监督，并对其施加适当的压力，以确保该政策得到充分执行和实施。另一方面，高校应加强自身内部的自我监督。在日常的工作中，高校要确保信息的公开性和透明性，这是实施监督的必要前提，高校还应加强学校内部各部门之间的相互监督，将制度的实施效果与各部门的绩效考核联系起来，建立奖惩制度，以促进各部门效率的提高。最后，高校还必须要重视大学生群体，进一步发挥其主体作用，让大学生们广开言路，积极参与到制度执行的监督工作中来。

三、宣传规章制度，培养遵纪守法的良好意识

如果想全面贯彻实施一套科学合理的规章制度以达到预期的效果，则必须要提前做好相关的宣传工作。对已健全和完善的规章制度进行大力宣传是高校规章制度有效贯彻落实的前提和保障，同时也是高校制度建设的中间环节。这一举措不仅有利于促进大学生知法、懂法，培养他们的良好守法意识，而且也有利于形成良好的高校学风建设氛围，增进大学生对于学风建设的认知和理解，进而培养其形成良好的学习思维与行为习惯。因

此，高校在加强制度建设的过程中，应注重规章制度的宣传工作，不断丰富宣传的手段，增强宣传力度，保证宣传工作的到位和有效。

1. 强化课堂教学主渠道

高校应充分利用课堂这一教育的主渠道，在课程中增设专门的学术规范课程及学术道德课程，从而为大学生传授相关的知识。一方面，有必要向大学生普及学术自律的重要性，让大学生充分认识到遵守学术规范、拥有良好的学术道德是每一个大学生所必须具备的基本学术品质，是保证学术的正常交流、提升学术质量和水平、促进学术的创新发展以及推动我国教育和科研事业发展的根本保障。另一方面，要对大学生进行详细的讲解，让大学生对于学术规范的相关准则、其中的界限以及学术道德的底线有着更为充分和明确的认识，同时向其普及知识产权等相关法律法规，以增强其相关知识产权意识，培养其遵纪守法的良好意识和行为习惯。

2. 夯实网络宣传阵地

高校应充分利用网络这一重要的舆论宣传平台。伴随着"互联网+"时代的到来，以信息为载体的优质教育资源为大学生的学习生活提供了相当大的便利。高校的教育宣传活动可以不再拘泥于传统的模式，而应紧跟时代潮流，与时俱进，采取一些与当代大学生特点相适应的新兴模式。比如，高校可以在"慕课""微课"等新兴平台上对大学生宣传学风建设相关规章制度，以增加大学生的学习兴趣，提升宣传的效果，或者可以在本校官网以及图书馆的网络主页上增设学风建设专栏，加强对学风建设相关规章制度的宣传，高校甚至还可以建立与大学生们密切相关的QQ群、微信群等，及时进行信息发布、沟通交流、宣传教育等相关活动。

3. 丰富活动载体

高校可以通过学风相关规章制度的专题讲座活动、漫画宣传活动、学风知识竞赛、有奖征文活动、学术失范案例的展示活动或者开展学风建设文化周来促进大学生对于学风相关规章制度的认识和了解；还可以将学风相关规章制度编入到学生手册当中，抓住大一新生入学这一重要契机进行宣传和教育，并不定期检查相关内容的背诵；对于大三、大四的同学，可以开设论文指导课，详细介绍论文写作规范以及相关制度。总之，各高校应立足于本校实际情况，不断创新方式方法，加大学风相关规章制度的宣传力度，培养大学生遵纪守法的良好意识。

四、加强人才队伍建设

大学生学风建设人才队伍在学风建设中起着重要作用，直接影响着学风建设的成效。因此，打造一支高素质的大学生学风建设人才队伍，是促进大学生学风建设的重要保障。学风建设队伍不是由一个人或者几个人构成的，而是需要高校管理行政人员、教师以及后勤保障工作者构成一个完整的队伍体系。高校可以通过加强队伍的政治素质与思想道德素质建设、明确大学生学风建设队伍的角色定位、科学的人员配备、加强学风建设队伍的技能训练等方面来达到加强大学生学风建设队伍建设的目的。

1）要确保大学生学风建设队伍的坚定政治立场以及良好的学风

政治素质是大学生学风建设队伍各种素质的核心，并决定着其他方面的素质。因此，高校需要确保学风建设队伍拥有正确的政治方向，树立坚定的政治立场，将队伍的思想政治教育"常态化"，进而使得他们具备坚定的社会主义主流价值观，积累应有的政治理论，保持较高的政治水平，最终确保大学生学风建设的正确方向，形成一支良好的大学生学风建设团队。只有这支团队拥有良好的学风，才能对大学生做好表率作用。因此，要加强大学生学风建设队伍的自身修养，规范其在学风建设中的言行举止，努力使其成为大学生的榜样。

2）在角色定位上，更加明确了大学生学风建设队伍是高校学风建设工作的组织者、实施者和指导者，对大学生优良学风的形成有着重要作用

学风建设队伍的主要职责涵盖三个方面：一是以构建大学生优良学风为目的，深入了解大学生的学风现状，将思想政治教育融入大学生日常的学风建设活动中，引导大学生严格自律，形成良好的学风；二是顺应大学生组织的变化，以党团工作、学生各项活动等为载体做好高校学风建设的组织管理工作，发挥班干部的带头作用，帮助大学生实现自我批评以及自

我教育、自我管理；三是结合大学生的实际需求，遏制不良学习风气，倡导积极向上的优良学风。

3）大学生学风建设队伍人员配备要科学

高校大学生学风建设队伍人员的配备应该顺应当前大学生组织形态的新动态，不仅要在各个班级、年级配备相应的人员，还需要院系以及学校管理层面按照工作职能配备相关学风建设人员，进而形成"矩阵式"的科学人员配置。

4）提高大学生学风建设队伍的专业技能能力

专业技能能力不仅仅是指他们的授课或者管理能力，还包括他们在帮助大学生形成优良学风过程中的学风建设能力。高校的教师是以教书育人为己任，高校的管理者保证学校的相关活动正常进行，总的来说都是在培养优秀人才，都是学风建设队伍的重要组成部分。作为学风建设队伍的成员，要掌握学风建设的内涵及内容，帮助大学生树立远大的学习志向、养成端正的学习态度、形成良好的学习纪律以及科学的学习策略，在大学生学风建设工作中培养科学实施的方式方法，以提升自身在大学生学风建设工作中的工作成效。

五、健全信息反馈机制

信息沟通及相应的管理反馈机制是高校学风建设保障体系中重要的组成部分。部门管理人员、任课教师及大学生等相互之间信息沟通和反馈能够帮助高校掌握相关规章制度在现实工作中的落实情况，能够从各个方面掌握和了解大学生的日常生活及学习情况，感知他们的学习需求以及对学风建设、管理制度的意见或者建议，并以此为基础进而对管理制度的制定和执行进行相应调整，增加管理制度保障的针对性、有效性，帮助大学生形成优良的学习风气，最终提高大学生的学习质量。

高校可以通过召开座谈会的方式来达到信息反馈的目的。召集大学生进行座谈，尽可能了解他们的学习生活状况，广泛听取他们的诉求并将其诉求进行整理分类，如实的反映到相关部门，随之对相应的制度实施以及部署做出调整，对他们在学习过程中遇到的瓶颈问题进行心理、思想上的疏导，帮助其形成远大的学习志向，掌握正确的学习方法进而提高学习成绩；召集在校教师进行座谈，全面了解任课教师在相关管理和教学制度执行过程中的体会和感受，以及他们对相关制度执行后的意见建议，聆听他们在教学过程中的感悟、瓶颈以及收获的经验，及时解决他们在生活以及教学工作中遇到的困难，只有这样，高校才能为教师创设良好的工作氛围，让他们全心全意地投入培养人才的工作中，也便于他们提高自身教学水平，增强教书育人能力，以其师德师风带动大学生的学风发展；召集大学生与教师、学校管理层成员进行座谈，在学与教、被管理者与管理者两个层面形成互动机制。大学生对学习内容有充分的发言权，如是否对所学知识的全面领悟，是否达到了老师教学的效果预期，能否适应老师的授课方式方法，这些信息通过座谈等被如实地反映给教师，让教师做出相应的合理科学的调整；同时教师在教书育人地方面提出的要求也要传递给大学生，大学生也要相应地调整，尽可能完成教师交代的学习任务。大学生与管理层人员也要有信息交流与反馈，大学生在生活中遇到困难以及对当前学校的各种制度落实后的意见建议都需要传递给他们。学校在收集这些信息后，要充分论证学校是否在制度制定和执行上存在着不足，确保相关制度的制定和执行的科学性，与此同时还需要帮助在生活上有困难的大学生，设立相应的勤工助学岗位、助学金、奖学金等，解决这部分大学生的后顾之忧，营造良好的学习环境，使得他们全身心投入到学习当中去，最终顺利完成学业。

第四章
高校教师与学风建设关联性研究

我国高校教育的根本目的是培养有理想、有道德、有文化、有纪律的社会主义新人,实现科教兴国、人才强国战略。高校学风建设是教育发展中的一项系统性工程,涉及多方面、多层次的影响因素,它既需要社会与高校的协同配合,也需要所有教师的共同努力来创设。高校教师在学风建设中起着主导性作用,是高校学风建设的核心力量。良好的教师学风是提高教育教学质量和实现人才培养的重要前提。为了科学解决当前高校教师学风中存在的问题,进一步加强高校教师学风建设,可以从以下方面入手开展工作。

一、加强师德建设,充分发挥教师主导作用

师德是教师学风的重要组成部分。师德是指教师在教学和科研活动中所形成的调节、约束学生、教师以及其他各种社会关系的道德准则和行为规范的总和。教育家吕型伟曾说过:"教育是事业,事业的意义在献身;教育是科学,科学的价值在于求真;教育是艺术,艺术的生命在于创新。"这就说明了教师不仅肩负着传授文化知识的光荣职责,而且也是学生心灵的塑造者、崇高理想的布道者、社会规范和价值的传递者。

"百年大计,教育为本",教育发展的关键在于教师,教师的素质直接关系和影响着教育的质量和水平,而师德是教师素质的核心,它决定和影响着教师队伍的整体水平,决定着人才培养的质量。只有坚持毫不松懈地抓好师德建设,才能不断提高教师职业道德素质,充分发挥教师在学风建

设中的主导作用，推进教师学风建设的步伐。根据调查发现，有49%被调查的高校教师认为教师自身思想道德方面存在的问题是当前教师学风问题的主要原因。这充分说明，加强师德教育、提升高校教师职业道德素养是不断改进和加强高校教师学风建设的重要举措。

1. 加强教师入职前教育，树立为人师表的职业理念

教师是学生知识增长和思想进步的导师，其一言一行都会潜移默化地影响着学生。教师只有在思想上、道德品质上、教风学风上以身作则、率先垂范，才能真正做到为人师表、教书育人。当前，我国高校教师入职前教育和培训工作开展存在着诸多的问题，对其重视程度还不够，存在着培训制度形式化、内容脱离高校实际、途径单一化、缺乏科学有效的考评机制等问题。要改进和加强教师入职教育，必须从以下几方面着手。

1）改变传统的职前培训观念

职前的教育和培训是为了使教师尽快地提高教学能力，适应教学要求。入职培训结束并不意味着教师培训的完结，而是另外一个开始，是教师综合能力培养和发展的开始。入职教师必须要改变观念，充分认识到入职培训的重要性，认真对待入职培训，使培训达到预期的效果。

2）改革入职培训的内容

目前，教师的入职培训主要集中在教师的职业道德和职业规范的教育上，培训的内容与实际严重脱节。入职培训在强调教师职业道德和法规的基础上，应着重强化教师的教育教学实践技能的培训。总而言之，入职培训是为了培养全方位、专业化的教师，而教师的教学实践技能则是一个教师能否胜任教学工作的最为根本的前提条件。

3）建立科学可行的入职教师考评机制

我国对当前教师的考评主要是传统的评估方法，仅限于在一些理论知识的考核上，这种考评无法反映出教师的实践能力水平，因而不能全面地体现出入职培训的成果。我们需要建立一种科学可行的入职教师考评机制，在考评内容上要把理论知识的考核与教学实践相结合，在考评方法上要多样化，这样才能确保入职教师的培训达到其应有的效果。

4）树立"以学生为本"的教育理念

"以学生为本"的教育理念是指教育要从学生的实际情况出发，注重发挥教师的主导作用，重视教育的社会功能，着眼于学生的发展，使学生获得全面、主动、可持续的发展。以人为本是科学发展观的核心，而教育的根本目的是以学生的发展为本，"以学生为本"是作为一个职业教师的思想前提，这就要求高校新任教师要牢固树立"以学生为本"的理念，不断提升自身的教育教学水平；在教学中，老师要鼓励学生积极参加各种学术活动，在实践中培养锻炼学生的创新能力；在生活中，要关心、爱护、信任和尊重学生，主动了解学生的发展需求；另外教师自身方面，要树立和塑造良好的形象，要注重自身的思想道德素质的建设和学术能力的提高，为学生学习成果的创新营造一个良好的氛围，并以良好的师德去带动和影响学生。

2. 加强教师的职业教育，促进良好的职业道德的形成

教师的工作从本质上来说是个体的，对于个体，宜从"德"字入手。加强教师职业道德教育是加强教师学风建设的重要内容。教师肩负着教书和育人的职责，建设优良的学风关键在于建设一支高素质的教师队伍，而高素质教师队伍建设的关键在于不断提高教师职业道德水平。当前，高校可以在以下几个方面加强教师的职业教育。

1）加强教师的理想和信念教育

高校要用社会主义核心价值观武装高校教师的头脑，保证教育的社会主义方向，使教师在教学和科学研究上始终保持着清醒的头脑，从根源上遏制高校教师队伍中拜金主义等不良价值观的影响。

2）完善教师的职业培训机制

高校要坚持以人为本，改革和创新教师职业培训体系，为教师养成良好的职业道德打下坚实的基础，如加强培训内容的科学有效性、强化培训考核的针对性、加强对骨干教师和专业带头人的培训等。

3）营造良好的职业教育氛围

以往大多数教师并不重视职业培训，使得培训收效甚少，为此高校要加强职业培训利弊的宣传，奖励考核优异者，让教师认识到职业培训是对自身能力的一种提升，对自我的一种挑战和超越，使教师乐于其中，这样才能达到教师职业培训的初衷。

3. 加强教师科研诚信教育，提升教师科研道德素养

科研诚信主要是指科技人员在科技活动中弘扬以追求真理、实事求是、崇尚创新、开放协作为核心的科学精神，遵守相关法律法规，恪守科学道德准则，遵循科学共同体公认的行为规范。科研诚信是高校教师应具备的基本素质，是科研创新中教师必须坚守的准则。教育部在《关于切实加强和改进高等学校学风建设的实施意见》中指出，高校要加强教师的科研诚信教育，对教师的科研诚信教育每年要进行一轮，并要在教师年度考核中增加科研诚信的内容，建立科研诚信档案。加强对教师科研诚信的教育，提高教师科研道德素养，是当前高校教师学风建设的重点。

长期以来，我国高校教师坚持真理、学术创新、无私奉献、教书育人，为教育事业的发展做出了突出贡献。但是，由于法制制度不健全、体制机制不完善、行为规范教育不够，以及个人自律性不强等因素的影响，教师不诚信的现象在科研过程中时有发生，严重损害了教师的集体形象，阻碍了学术的健康发展。加强对教师的科研诚信教育，提升教师科研道德素养，遏制科研不端行为，成为高校构建学风建设的当务之急。首先，高校要加强科研诚信的宣传教育。高校要将科研诚信教育作为高校教师继续教育的必修内容，完善科研诚信课程和教材，充实科研诚信的内容；宣传典范和楷模，引导教师在科研中自觉遵守学术道德规范。其次，要完善监督和惩戒机制。高校要制定科学合理的科研不端行为处理规定和程序，加大对科研不端行为的惩治力度。同时要开设专门用于举报教师在科研中不端行为的渠道，强化对教师在科研活动和管理中各主要环节的监督。最后，教师要加强自律。高校教师在从事科研活动过程中，要求真务实，不断追求卓越与创新，诚实守信，实事求是，应当秉承敬业精神，严格执行相关规定、标准和规范，严谨自律，并妥善处理科研活动中的利益冲突。

二、完善管理制度，推进高校教师学风制度建设

教育大计，教师为本。教师管理制度是提高教师队伍整体水平、提升教育教学质量的前提条件。高校教师良好的学风离不开健全的教师管理制度，只有科学完善的管理制度才能不断推动和促进高校的教师学风建设。

1. 完善聘任制度，保持教师学风整体稳定

聘任制度是教师队伍发展的制度基础，建立科学、完善的聘任机制，

有利于培养高素质的教师队伍，保证学风建设的成效。我国的教师职务聘任制始于1986年，经过30多年的发展，取得了良好的成效，为我国培养出一批又一批的优秀教师，促进了教育事业发展的良性循环。但现行高校教师聘任制度还存在着一些问题：第一，岗位设置不科学。岗位设置应根据教师的需求量为基础进行科学合理的设置，但现行高校的岗位设置大多是按照各院校拥有的博士点、硕士点的多少来设置，这对于那些没有博士点、硕士点或博士点、硕士点数量较少的院校是不公平的。另外岗位结构不合理，不符合实际的发展需求。第二，评价体系不健全。教师考核评价过程中过分强调管理目标，注重量化指标，具体表现在注重教师论文发表数量以及获奖的多少、项目课题数量等方面的考核。在这种评价体系下，学术很容易为个人利益所驱使，使教师为了达成考核目标，追求短期效益，不利于学术的发展和创新。第三，管理工作不到位。在教师的聘任制过程中，部分高校未能根据各学科的实际情况，具体问题具体分析，而是在评价考核、聘任资格等方面采取"一刀切"的方法，严重违背了学科发展的规律；在教师学风建设方面，有些高校甚至对学术道德行为不端的教师，不管不问，严重忽视教师学风制度建设。当前完善高校聘任制度必须从以下几个方面展开。

1）整合资源，科学设岗

科学地设置教师岗位是教师聘任制的关键环节，也是解决当前高校师资队伍建设质量的重要举措。高校在岗位的设置中，要立足于自身的定位和特色，坚持实事求是的原则，着眼于优秀教师队伍建设，在资源配置最优化的前提下，科学设置各类岗位；同时高校还要明确所设岗位的职责和分工，并作为以后评价考核的重要内容。目前，高校中存在盲目追求办学规模的现象，如过多的设置教师岗位，注重教师数量的增多等，这实际是在追求短期的效益，不利于人才的培养。在教师聘任制中，高校要根据自身办学条件并结合各学科的实际发展，整合各种资源，科学设置岗位，在扩大教师队伍规模的同时，更加注重教师队伍质量的提升。

2）建立合理有效的考评机制

只有建立科学有效的考核评价体系，聘任才能做到真正的公平、公正、公开。一是要明确考评目标。当前，一些教师没有认清楚高校开展教师考评的目的，把日常的工作与教师的考评工作对立或割裂开来，认为评价是日常工作之外的事情。教师评价的根本目的是确立一个衡量教师的标准，充分发挥教育评价的导向、激励、改进的功能。高校要做好教师的思想政治工作，明确考评的目的，不仅让教师有紧迫感和危机感，更要有一种使命感，使其真正关心、支持和拥护这种制度。二是确立考评标准和内容。对教师的考评要基于正确的教育价值观、学校的教育目标、教师的根本任务及国家颁布的有关教师职业道德规范的要求，在考评内容上要多样化，既要考评教师的师德学风水平，又要考核其法制意识；既要考核教师的知识结构水平，又要考核其工作能力水平；既要对教师的工作业绩进行评估，又要考核其科研业绩，只有这样才能最大程度地发挥考评的功能和作用，不断完善聘任制。

3）高校要加强领导和监督，统一标准和规范

改革和完善教师聘任制是一项系统工程，波及面较广，任务繁重。各高校和各级教育部门都必须要高度重视，切实加强组织领导，把聘任制改革纳入重要议事日程，确保改革的顺利进行。在改革过程中，要充分发挥各相关部门的参与和监督作用，避免不良现象的发生。依法治教的前提是有法可依，国家要尽快出台有关教师聘任制实施法则和相关配套政策，统一立法，使教师聘任制更加规范化。

2. 健全学术评价制度，确保教师学风正确方向

学术是高校的生命线，学术评价是对学术及成果的价值判断，它是一个价值增值的过程，是学术发展的"风向标"。当前学术界存在着一些不端的行为，这些行为目前已引起社会各界的广泛关注。之所以出现这些行为和现象，与当前的学术评价制度的不健全有着重要的关联。当前我国高校在学术评价上存在"轻质重量"、制度不完善、监督不力等问题，不利于学术研究的健康和可持续发展。科学合理的学术评价体系有利于充分调动和发挥教师的科研积极性，促进学术科研成果的创新，实现学术的自由。

1）应构建多元化的学术评价标准

必须建立一整套以质量为导向、全方位综合评价为基础的评价标准。长期以来，高校在学术评价上存在着重数量而轻质量的现象，在教师的职称评定、课题的申报等方面，往往按照发表论文的数量来衡量一个教师是

否有资格评选或申报。这种量化评价模式是比较片面的，无法真正反映一个教师的真正水平，难以做到公平、公正。高校学术评价标准必须多样化，要着眼于质量和不同学科之间的差异，用不同的评价标准和不同的处理办法对待不同的评价对象，只有这样才能彰显学术评价的公平正义性。

2）要完善同行评议制

同行评议是当下学术界比较认可的一种评价方式，但是在功能、程序等方面还需要进一步的完善。评价过程中应坚持标准、规范程序，实行双向制匿名评价的方式，以确保评价过程的客观、公平；同行评议的范围应扩大，评价者不应仅限于一些特定的专家或教授，而应扩大评议的范围，集思广益，这样才能更加体现和保证评价结果的科学性。

3）要完善评价监督机制

没有监督的权力将会导致腐败的滋生，没有监督的专家学者将会导致学术不端行为的产生，对学术评价进行科学、合理的监督是保障学术评价制度公正性的重要环节。一方面，要建立学术评价中介机构，具体负责学术评价过程的监督、学术成果的鉴定工作。学术评价中介机构应明确职责，去行政化，防止行政权力对学术评价的干涉，确保学术评价的过程、结果的公正公平，并及时公布结果；另一方面，要充分发挥舆论监督的作用，加大媒体曝光度和惩罚度，对学术不端行为形成有力制约。

3. 健全师德考评机制，形成教师学风合理反馈

习近平总书记在北京大学师生座谈会上曾指出，评价教师队伍素质的第一标准应该是师德师风。高校师德建设是高校建设高素质教师队伍的需要，是改进高校教师教风、带动学风建设的需要。健全高校师德考评制度，不仅仅是落实习近平总书记系列讲话精神的重要举措，更是调动广大教师工作积极性、增强教师主体性、建设高校高素质教师队伍的迫切需要，是推进和加强高校师德建设的制度保障，是不断提高师德建设的一项重要举措。高校在进一步深化教师考核评价制度改革时，应该把教育部出台的《关于深化高校教师考核评价制度改革的指导意见》作为其考核标准，同时立足于本校实际，健全师德考评机制。

1）强化师德考核

要健全师德考评制度，无论是对学校还是对教师本人的考核都要坚持师德为先的准则。一是要把师德建设作为学校工作考核和办学质量评估的重要指标，摒弃单一的评价指标，避免只将升学率、教学成果等作为考核评估学校办学水平的唯一因素或不可替代的条件。高校是师德建设的主体，加强对高校师德建设的考核是提高教师职业道德水平的重要举措。教师的师德水平决定着办学的方向，决定着人才培养的成败，师德建设理应成为学校工作考核评估最重要的指标。二是要把师德建设作为教师自身发展考核的关键指标，将师德表现作为教师资格认定、绩效考核、职务聘任、评优奖励的首要内容，把师德考核贯穿教师成长发展的全过程。三是在传统自上而下评价的同时，要建立自下而上的评价机制，以促进教师考核评价更全面、更贴近实际情况，从而推动教学相长，学能并进。

2）完善师德监督

师德监督首先是自我监督，高校全体教师要认真学习努力贯彻《高等院校教师职业道德规范》，对照自己的行为，进行自我监督和自我修正，并以身作则，现实中自觉践行师德风尚规范。其次，要构建和完善政府、学校、社会齐抓共管，同事、学生、家长及各界人士积极参与的师德监督体系。教育行政主管部门要高度重视师德建设，制定师德规章制度并认真组织实施；高校应遵循教育教学规律，建立健全规章制度，加强日常管理，注重过程管理，畅通监督渠道，尤其是要充分发挥媒体优势，随时进行跟进监督；家长、同事、学生要积极关注师德师风建设，参与师德监督，最终形成加强和推进师德建设的合力，营造重师德的良好的氛围。

3）注重师德惩治

惩治是建设师德考核制度中的重要组成部分，同时又往往与表彰奖励联系在一起。高校要建立科学严格的奖惩制度，在考核的基础上要全面实现师德一票否决制。对办学单位而言，要将师德建设作为对其办学水准的重要认定因素，并在办学资源的配置上要予以倾斜；对教师本人而言，师德表现优秀的，要予以重点培养、表彰、奖励，对师德表现不佳的，应及时提出劝诫，并予以整改；对有严重不道德行为、影响恶劣者予以解聘并撤销教师资格，对违法者依法依规严肃处理。

山东理工大学一直以来就十分注重强化师德师风建设，推进《师德师风建设三年行动计划（2020—2022年）》全面落实，不断完善学校师德师风建设制度体系；强化教师思想政治工作，贯彻落实新时代高校教师职业行为十项准则，做好日常教育，抓好师德专题教育；完善师德师风检查督查机制，加强监督和分析研判，及时做好隐患排查等工作；将师德考核摆在教师考核的首要位置，建立科学多元的师德评价体系，实行评奖评优、职称评聘、科研立项等重大事项师德师风"一票否决制"；构建和完善教师荣誉体系，做好先进典型评选活动，讲好师德师风故事，弘扬高尚师德情操；举办庆祝教师节系列活动，组织好教师节颁奖典礼，做好新教师入职和退休教师荣休仪式，弘扬尊师风尚，营造尊师重教氛围；落实校领导接待日制度，畅通民主渠道，及时清理整治损害基层师生切实利益问题，维护师生员工正当利益，营造良好内部风气。

三、加强学术管理，规范学术行为

1. 充分发挥学术委员会的作用

学术委员会作为高校学术权力最重要的体现和表达方式，在现代大学制度建设中起着举足轻重的作用。高校要建立健全学术委员会相关工作机制，充分发挥学术委员会在学科建设、科研、师资队伍建设以及学术活动中的主导作用，对学术不端行为进行规范，此项工作开展的成效，关系到学风建设的全局。

近年来，国内各高校陆续成立了学术委员会，对高校师生的学术问题进行审查和监督，但实际效果并不理想。一方面，学术委员会的权力有限，另一方面，行政权力干涉学术事务的现象较为普遍。造成这种现象的主要原因在于缺乏组织和制度的保证。学术委员会在学术评价过程中不可避免地会出现暗箱操作、领导决定、上级部门审批的情形，这就使得学术委员会基本形同虚设，其作用也无法得到充分的发挥。当前，高校要充分发挥学术委员会的作用，从组织、管理、制度等方面对其加以改革。

1）切实做好学校学术委员会的组织建设

当前，随着大学日益社会化，高校不同程度出现行政权力泛化、学术权力弱化以及学术权力表达渠道不畅等问题。但高校学术权力和行政权力是密不可分的,学术权力和行政权力协调管理的结构模式,是现代大学管理的典型特征,它超越了学术权力和行政权力各自的局限性,使两者的长处和优势得以充分发挥。在学术委员会成立后,对于各高校而言,最为关键的就是要确保其相对独立的运作机制,最大限度地减少行政权力的干预,让学术委员会真正独立行使职权,真正体现学者在高校应有的主体地位,发挥学者在学术事务中的核心作用。

2)不断强化学术委员会的功能

新成立的学术委员会全权代表学校行使学术权力,学校凡涉及学术资源分配、学术政策与学术规划制定、学术评价与职称晋升、各种学术奖励与推荐等事宜,均应先由学术委员会研究通过,再提交学校进行表决,切实尊重学术委员会所作出的决策,强化学术委员会功能,尊重学术权威在与大学学术事务有关的各种利益问题上的话语权,真正实现学术问题的学术化。

3)大力推进学术管理的规范化

学术委员会制度的实质是"教授治学"。教授要治学术,做学者;一流的教授,要治一流的学术,做一流的学者。教授们要以主人翁的姿态,立足于学校的整体发展,热心学术活动,认真完成学术委员会分配和交办的工作任务,积极参与学术管理,促进高校学术水平的提高,推动高校学术的繁荣发展。

2. 加强科学研究过程管理

教育部规定:"高校要建立科学研究实验原始记录和检查制度、学术成果公示制度、实验数据审查制度、论文投稿作者签名留存制度等科学严谨的管理制度。进一步完善科学研究项目评定、学术成果鉴定程序,强化申报信息公开、异议材料复核、网上公示和接受投诉等制度,增加科研管理的公开性和透明度。"科学研究是一个长期而艰苦的探索过程,高质量的科研成果与科学的科研过程管理密不可分。作为科研工作者,高校教师必须在科学研究中具有"务实"和"创新"的精神,以求真务实的态度和开拓创新的精神,推动科学研究的不断进步。在教师科研方面,高校各级领导者和管理者往往倾向于把注意力集中在科研成果上,只关注科研成果,而忽视科研的过程,对教师的科研过程缺乏有效的监督和管理。高校应当在科研的全过程中对教师进行监督,要动员全体成员,跟踪指导与服务科研的全过程，有效调控影响科研的全部因素，不断改进研究方法，把监督和管理贯穿于科研过程的每一个环节，保证科研质量。

3. 加强学术不端的监管，严处学术不端行为

为了遏制高校学术不端行为，2009年教育部决定成立学风建设协调小组，可受理直属高校学风问题举报并组织对重大学风问题进行调查核实，提出处理建议。当前，高校在学术不端行为的处理上缺乏规范的管理程序，这也是导致学术不端行为频频出现的主要原因。

目前，我国对学术不端行为的调查和处罚主要还停留在道德谴责和学术惩罚层面，在进行行政处罚、追究法律责任方面还缺乏相关依据。在对学术不端行为的监管和惩治上，政府、社会和高校需要高度重视和相互配合。目前，由于管理不规范和处理程序不合理，我国部分高校对学术不端的监管基本形同虚设，而且一些高校为了维护自身的形象，对本校教师的学术不端行为也视而不见，这在一定程度上纵容了学术不端的行为。高校应对本校教师学术不端的监督和查处方面负起直接责任，在发现学校教师出现了学术不端行为后，应立即举报，进行独立调查，并公布最终结果。同时，高校应该建立健全处理学术不端行为的相关机构，规范管理程序，依法依规来处理学术不端行为，既要态度坚决，又要做到客观、公正。学术不端行为一经认定，要零容忍，予以严肃处理，情节严重者，要给予开除处分，以保证学术的纯洁性；政府方面，要尽快出台相关具体的法律法规，从法律层面规定学术不端行为的处理方法，为追究学术不端行为提供法律依据。此外，还要充分发挥社会舆论的监督作用，形成以遵守学术道德为荣、以违反学术道德为耻的良好氛围，新闻媒体和网络舆论要及时曝光违反学术不端的学者，让学术不端行为在舆论的高压下无所遁形。

四、营造和谐学风氛围，为教师学风建设提供良好环境

在日常生活中，人与周围的环境有着多种关系，一方面，人们会受到环境积极或消极的影响，另一方面他们又能发挥其主观能动性，主动地改造环境，以达到更好地适应环境的目的。作为社会人，高校教师在学风建

设过程中同样需要一个良好的环境，营造良好和谐的学风氛围是加强和改进教师学风建设的必要条件。

1. 加强学风宣传教育，为教师学风建设提供条件

调查数据显示，绝大多数高校教师赞同"学校加强学风教育是解决高校教师学风问题的重要对策"。因此，有必要加强对学风的教育和宣传，具体可以从以下几个方面着手：

1）加强学术规范和学术道德的教育

高校应让教师明确学术规范、学术道德是作为科研人员应遵循的基本规范，是不断提高学术水平和实现科研创新根本保证。高校可以通过开展各种形式的宣传教育，加强教师对学术规范和学术道德重要性的认知。

2）加快建立和完善学术监督体系

高校必须要依照国家法律法规和有关规定，建立健全对学术不端行为的惩处机制，制定切实可行的处理办法。惩处程序必须科学，必须综合各方因素来制定最后的惩处措施。要充分发挥学术委员会的作用，成立专门机构，负责学校学风宣传与审查。

3）严格惩处学术不正之风

高校相关部门要根据学术道德不端行为的性质，依法给予相应的处分；如若违法，应送交司法部门处理；高校教师如被查处，应暂停、终止其一切学术活动，追缴已经拨付的项目经费，惩处结果要在一定范围内进行公开，接受公众监督，以儆效尤。

2. 构建文明社会环境，为教师学风建设提供平台

高校教师的学风问题并不是单独存在的，它与社会环境有着必然的联系。营造融洽的社会环境是构建高校教师学风建设的必要前提和基础。

1）营造社会诚信大环境

教师诚信的缺失是导致教师产生学术不端行为的直接原因，这不利于学术的创新，不利于人才的培养和我国高等教育质量的提高。因此，营造社会诚信大环境对高校教师学风极其重要。国家要加大对优秀传统文化的宣传力度，促进社会主义道德体系建设，营造良好的诚信氛围；要切实建立和完善相应的制度体系，加大惩罚社会失信行为，从根本上清除不利于诚信氛围构建的土壤；要对不诚信行为实行"零容忍"。

2）强化舆论媒体监督

随着互联网的飞速发展，舆论媒体在构建文明社会环境方面有着举足轻重的作用。舆论监督是一种影响力大、见效快的监督手段。近年来，舆论媒体频频曝光各种学术不端行为，在社会上引起了很大的反响，社会舆论媒体的监督为学风建设提供了一个良好的平台。为了加强舆论监督，我们可以从两个方面来着手：一方面，要开放社会监督门户，在高校教师学风问题的监督上，要将外部和内部监督相结合，确保监督无死角。另一方面要使监督的形式多样化，除传统的报纸报道、电视曝光等监督形式之外，还可以通过设立专门的网站，及时曝光教师学风的各种问题。舆论要充分发挥导向和监督作用，对学术失范行为进行道德鞭挞，对恪守道德的行为要大力宣传和表彰，为学风建设提供良好的社会氛围。

3. 发挥校园文化育人功能，为教师学风建设提供有效方式

近年来，高校越来越重视校园文化的育人功能，通过办学理念认同、管理制度建设、学术环境营造、文化品牌形成、校园环境优化、文化教育和科研基地建设等多方面的发展，陶冶学生道德情操、规范师生行为、培养优良学风。

1）发扬校园文化传统，树立良好的办学精神，形成优良的校风

校风包括学风、教风以及学校积淀的传统文化精神和学术探索所形成的风气和氛围，它既是大学精神的综合全面反映，又是大学精神的具体化和外化。美国教育家弗兰克斯纳认为，在确保大学高水平方面，大学精神比任何设施、任何组织都更有效。它是"校园人"对大学存在的价值和意义的思考，同时它以价值标准和文化规范的形式约束着大学的行为，是大学区别于其他机构的特质。一方面，高校要注重以优良学风促校风，不断提升和完善办学理念，挖掘学校的优良传统，形成强大的凝聚力，为学校发展注入新的生机和活力；另一方面，要注重学校形象建设，凝练有深厚文化底蕴的校训、校歌、校徽，积极培育和大力弘扬体现学校特色和个性的大学精神。

2）深化校园文化建设，铸就大学精神

校园精神文化作为一种深层次的精神文化，虽不具有表层物质环境文化和中介层制度文化那种直观特点，但现实中能让人切实感受到它的存在，

以致由它透视出独特的校园文化感染力、凝聚力、震撼力。校园精神文化凝聚了学校基本精神为学校成员引以为豪和刻意弘扬的优良传统。大学精神隐含在校园文化建设中，是校园文化建设的实质、根本，是校园文化存在的价值意义。

（1）加强校园物质文化建设。校园物质文化是加强学风建设的硬件基础，高校教师良好的学风是与校园物质文化建设分不开的。学校要努力改善教师的教学和科研条件，加大相关基础设施建设，使高校教师可以全身心投入到教学、科研当中去，不断规范自身的学术行为，增强其对教学科研的热情。

（2）加强校园制度文化建设。高校要建立健全与教师学风有关的规章制度，明确标准，保证学风建设的正确方向。

（3）加强校园精神文化建设。精神文化是学校校园文化的核心要素，是学校的灵魂，也是校园文化建设的关键。高校应通过定期开展有关校园精神的讲座、论坛，开展校园网络、校园广播、学报杂志的宣传等，加强校园精神的宣传和教育，培育师生良好的精神风尚，促进校园精神文化建设。

总之，在高校校园文化建设中，物质文化是基础，精神文化是核心，制度文化是保障，只有将物质文化、精神文化和制度文化结合起来，才能不断深化校园文化建设，铸就大学精神，从而促进优良学风的凝聚。

第五章
提高认知水平，增强学风建设的主动性

高校教师和大学生是高校的两个关键组成部分，同时也是高校学风建设的两个重要主体。良好的学风来自师生的共同努力，基础在于学校的方向和治理。因此，在加强学风建设的过程中，高校应充分重视教师和学生的主体地位，并最大程度地发挥二者的合力，实现学风建设效果的最优化。一方面高校要努力提升教师的认知水平，发挥其在学风建设中的主导作用；另一方面要提升大学生的认知能力，发挥其在学风建设中的主体作用；同时，高校还有必要加强师生之间的交流，发挥教师对于学生的榜样作用。

一、提升教师认知水平，发挥主导作用

教师是高校教育教学活动的实施者，在教育教学活动以及学风建设中都起着重要的主导作用。习近平总书记在同北京师范大学师生代表座谈时曾引用邓小平同志的话强调，一个学校能不能为社会主义建设培养合格的人才，培养德智体美劳全面发展、有社会主义觉悟的有文化的劳动者，关键在教师。教师与学生接触面最广、接触时间最长，是对学生影响最大的一个群体，既是学风的展现者，更是学风的模范者，其知识结构、价值观念、言谈举止和治学精神对于学生的影响既是潜移默化的，又是持久深远的。因此，高校应充分重视高校教师队伍建设，特别是思政课教师、专业课教师以及辅导员这三支主要的育人队伍建设，不断增强教师参与学风建设的积极性和责任感，充分发挥教师的导向和示范作用，以良好的教风促进良好学风的形成。

1. 增强主体责任感

（1）高校思想政治课教师肩负着用马克思主义武装大学生头脑的重要使命，是大学生世界观、人生观、价值观形成过程中的重要引路人。因此，高校应重视思想政治课教师队伍建设，必须增强思想政治教育理论课教师在德育工作和学风建设工作中的主体责任感，切实提升思想政治课教师的地位，发挥其辐射引领作用。

① 高校应完善相关激励制度，强化思想政治课教师育人理念，增强其责任感和归属感。高校可以通过举办思想政治课教学比赛、大学生思想政治公开课大赛等活动，使得思想政治教育理论课教学成果得以巩固、思想政治课教师得到激励。

② 高校应注重思想政治课教师主导意识的培养。一方面，高校应加大对思想政治课教师培训和进修的力度，不断提升其思想道德和学术修养，从而增强自身在德育工作和学风建设工作中的影响力；另一方面，高校可以成立思想政治教育优秀教学团队，为非思想政治课教师提供教学素养指导，带动广大教师共同种好思想政治教育的"责任田"。

③ 高校应注重培养思想政治课教师的创新意识和创新能力，促进他们的教学艺术水平的提升。比如，高校可以培养和提高思想政治课教师运用"慕课""微课""翻转课堂"等新型教育手段和方法的能力，培养大学生的自主意识和创新意识。

（2）高校要加强对专业课教师的教育和引导，引导其树立课程思想政治的教育教学观念，提升其协同育人的意识和能力，增强其参与学风建设的责任感。

① 高校要加强对专业课教师的培训工作，建设一批"又红又专"的专业课师资队伍。一方面，高校要加强学科建设，推动学术交流，增强教师的专业素养；另一方面还要加强对专业课教师的思想政治教育，坚定其理想信念，强化其政治责任。

② 高校要把软约束和硬措施结合起来，通过建立和完善相关奖惩机制和考核机制，激励专业课教师努力贯彻落实"教书育人"的根本任务。高校应尽可能将专业课教师的育人任务细化，使其对于思想政治教育相关理论知识能够做到真正意义上的学、懂、信、教。高校还可以通过在专业课

教师队伍中展开"如何实现知识传授和品德塑造相统一""如何提升专业课堂教书育人效果"等的大讨论，以及开展征集"思政课程"教学改进方案等活动，通过群策群力，最大限度地激发专业课教师投身德育课程改革、参与学风建设工作的热情。

（3）高校要加强辅导员队伍的专业化建设。高校辅导员融教师、管理者等多重身份为一体，是与学生接触时间最长，接触机会最多的群体，承担着对大学生进行思想教育、心理疏导、生活帮助、就业指导等多重任务，是高校学风建设工作中的重要力量，所以提高辅导员能力和素质，能够对学生起到潜移默化的作用，对学生的生活和学习均有所帮助。一方面，高校可以通过加强岗位培训、完善辅导员队伍相关制度等方式，引导辅导员提升对学风建设的认识，帮助其树立以生为本的意识，明确自身所肩负的重要使命。另一方面，辅导员要加强自身的学习，增强自身的学习意识和竞争意识，在掌握管理学、教育学、社会学和心理学等方面知识的同时，也应涉猎就业指导、学生事务管理等方面的知识，要理论与实践相结合，在不断学习的过程中提升自身的思想政治素质、职业道德素质、专业能力以及管理能力。辅导员的工作既是一个"做人"的工作，也是一个影响人的工作，更是一门实践性较强的工作，这就要求辅导员在工作中要边学习、边实践，边学习、边思考，以便为大学生提供更好的指导和服务。此外，现在高校的大学生均为 90 后，学生的思想观念、价值观念等方面都不同层次地受到了社会的影响，出现了很多新的情况，因此辅导员要注重自身创新能力的培养，以及接受新生事物的能力，更新以往的辅导观念，重新认识教育对象，强化平等意识，探索新的工作方法，更好地贴近学生、服务学生，为良好的学风建设保驾护航。

二、增强学生认知能力，发挥主体作用

高校学风建设是一项培养大学生良好学习风气、提升大学生学习素养的工作，高校思想政治教育旨在通过加强对大学生的教育和引导，提升大学生的思想道德素质，两者共同扎根于立德树人这一根本任务、服务于人

才培养的目标，都是紧紧围绕大学生这一重要主体而开展的育人工程。因此，高校必须提升大学生对于思想政治教育工作和学风建设工作的认识，从而尽可能地发挥大学生的主体作用，增强工作的实效性。从现实中来看，学生干部、大学生党员以及朋辈群体对于大学生整体的学习风气有着重要的影响。因此，高校在开展相关工作的过程中，可以从对学生干部、学生党员以及优秀朋辈群体的教育引导入手，充分发挥这些学生骨干的榜样示范作用，促进高校良好学风的形成。

1. 引导学生正确认识自我

高校大学生要提高自我意识水平和自我认识的能力。认识自我对于每一个人来说都是十分重要的，高校大学生要在学习和生活中努力提高认识自我的能力，能够充分的了解自己的特长和兴趣爱好。正确认识自我能够帮助大学生树立学习的主导位置，是大学生生活中重要的引线。正确认识自我能够促进大学生的自我完善，帮助大学生提高自身的综合素质。正确认识自我，对于大学生自身来说，能够帮助其发现自己身上的长处和短处，以便能够有针对性地采取措施来全面发展自己；引导学生正确认识自我，对于老师来说，是除了教学工作以外的首要任务，是教书育人的重要体现；对于学校来说，学生是学校发展的主体，学生的学习成绩以及综合素质的高低，都与学校的发展息息相关，引导学生正确认识自我，有助于学校教育教学工作的有序推动，更有助于促进高校的学风建设，能够帮助学校获得更好的发展。所以，高校大学生应提高认知自我的能力，提高自我调节和自我控制的能力。

2. 加强对学生干部的教育

高校要增强学生干部群体的主体意识和服务意识，学生干部是辅导员的得力助手，同时也是最贴近学生生活的管理者，能够切身感知学生的需求。他们具有很强的凝聚力和号召力，是大学生学习和生活的带头人，更是促进高校学风建设的带头人。因此，高校应加强对学生干部的指导和管理，有效发挥学生干部在优良学风建设中的重要作用，引导大学生崇尚榜样、学习先进、争当模范，激励大学生严格自律、励志自强、积极进取。一方面，高校要加强学生干部制度建设，建立学生干部工作制度和工作分工机制，完善学生干部评价制度和激励制度，增强学生干部的责任感，调动其积极性；另一方面，高校应加强对学生干部的系统培训，培养其协作精神和服务精神，提升其工作能力。此外，高校可以通过选树一批学生干部模范典型、召开表彰大会进行表彰等，最大限度地发挥学生干部的示范引领作用。

3. 强化对学生党员的教育引导

高校要增强学生党员主体性意识，充分发挥其在学风建设中的模范作用，从而推动高校全面提升人才培养的质量和水平。作为大学生群体中的中坚力量，学生党员同时也是连接基层党组织与大学生之间的桥梁。以学生党员为切入点开展学风建设工作，不仅可以促进大学生党员从教育客体到教育主体转换，增加学风建设的主体力量，更有利于发挥学生党员的优势，增强其在大学生日常学习和生活中的表率和引领作用。一方面，高校可以通过党课教育、实践活动等形式加强对大学生党员的教育培训，强化其理论认同、培养其奉献精神、增强其服务意识；另一方面，高校可以举办形式多样的活动来丰富党建活动，以党建活动促进学生党员队伍建设，从而推进班风建设以及学风建设。

4. 挖掘优秀的朋辈典型

高校要通过朋辈典型的挖掘，激发大学生的学习共鸣，从而提升高校思想政治教育和学风建设的实效性。大学生朋辈群体背景相近、年龄相仿、追求相似，优秀群体的良好学习方法、生活习惯以及处事方式很容易在大学生之间的沟通和交流中进行有效传播，因而朋辈教育可以更好地贴近大学生的实际，有利于促进大学生群体优势互补，从而增强教育的感染力和说服力。因此，在加强学风建设的过程中，高校应大力挖掘优秀学生资源，充分发挥其示范带动作用，促进良好学风的形成。一方面，高校可以通过开展经验交流会等方式，邀请优秀朋辈典型为广大同学进行学业指导，促进优良学风的形成；另一方面，高校可以通过开展宣传表彰大会等方式，扩大优秀大学生影响的同时，也增强优秀大学生的荣誉感和责任感，促进其更好地投身于高校学风建设工作。

5. 增强学生受挫能力

高校学生的自尊心和自卑心理极强，这一现象不容忽视，这主要源自学生的抗击打能力和受挫能力不足，自信心不强，易受外界的干扰，对外界的影响反应过于强烈。要引导学生了解自身的优势,明晰自身的优点,在遇事遇人面前都能够展现出自信的一面,能够客观地对待外界对自身产生的影响;要加强学生的自信心,要明确地引导学生,能够考上大学就可以证明自己是有能力的,引导学生明确自己的发展方向;要增强学生的受挫能力,在遇到挫折时要积极面对,找到解决的方法,不能一味地自怨自艾。总之,高校学生要增强受挫的能力,提高自身的抗挫折能力,培养自身面对困难迎难而上的精神。

6. 引导学生做好职业生涯规划

高校引导学生做好职业生涯规划,有助于学生的个人发展,更有助于学校的学风建设。学校要根据高校学生入学基础和输出质量的现实情况,为学生开设职业规划课程和就业创业类课程,帮助学生更好地了解我国创业和就业的形势和前沿政策,也为想创业的同学提供政策引导和支持。高校在开展职业生涯规划课程时要认清课程设置的目的,提高学生的创新和实践能力。学校也要利用自身的优势或者招牌学科,开展校企合作,为学生提供实践和创业就业的平台,让大学生在社会中找到适合自己的位置,实现自我价值。

高校应秉承以学生为本的教学理念,在学业上帮助学生,在就业上引导学生,只有学生有了好的学业,有了好的就业,才能让高校得到长远的发展。

三、增进师生相互交流,发挥互促作用

良好的师生关系有利于学风建设,而构建良好的师生关系必须依靠师生间的良性互动。高校的教育过程是教与学的双向互动过程,在这一过程中,师生关系是最基本、最关键的人际关系。良好师生关系的形成需要有效的沟通和交流,只有加强师生之间的相互沟通交流,教师才能对学生有更加全面的了解,才更愿意将自己的知识和人生感悟传递给学生。增进师生之间的相互交流,不仅有利于为双方提供一个良性的互动平台,同时也有利于发挥教师的榜样示范作用,规范大学生的学习行为,促进高校良好学风的形成。

1. 用仁爱之心去感染学生

习近平总书记在北京师范大学的讲话中引用高尔基的话说道，谁爱孩子，孩子就爱谁。由此可见，一个仁爱、宽容、亲切的教师形象更有利于拉近和学生之间的距离。因此，新时代高校教师应重新进行自身角色定位，改变传统教学权威的形象，不仅要充当大学生的良师，更要充当他们的益友。在教育过程中，教师要牢固树立"以人为本"的理念，充分尊重学生、理解学生，同时要积极地去和学生进行沟通和交流。在教学过程中，增加课堂师生交流，改变传统"一言堂"的教学模式，增加互动和探讨环节，可以通过谈论法、情景体验式学习方法等来丰富课堂形式，同时多运用启发诱导式的教学语言，给予每个学生参与教学活动的机会并创造机会让学生多说，鼓励学生多加思考，及时接受来自学生的反馈并热情回复，加强师生双向以至多向的交流；教师更要注重自己的教态，注重面部语言、手势语言以及姿态语言艺术的使用，以增强自身亲和力；教师与学生互动的过程不应仅仅依托课堂，在课下，教师也需充当大学生咨询师的角色。对于大学生的疑惑积极进行解答，同时关注学生的心理健康，为其提供必要的心理辅导。

2. 教师要转变自己的"师生交往观"

有些教师认为自己与学生只是教育者与受教育者的关系，他们与学生相处时往往带着浓厚的封建家长制作风，教师与学生之间除了课业讲授外，缺少思想交流，教职工与学生之间除了工作联系，缺乏情感沟通，在与学生谈话时总是命令式的，要求学生服从自己的指令，这种沟通与交流的缺失是大学生学习发展中的突出困扰，是高校优质教师资源的一种无形浪费，也是影响高校人才培养质量的重要因素。融洽、和谐的师生关系是学生健康成长的关键，教师要转变自己的"师生交往观"，积极构建和谐的师生关系，做学生的良师益友，让学生愿意和自己沟通交流，充分发挥教师教书育人功能；授课教师应将学生课堂出勤情况、课堂学习发生的各种状况等及时与辅导员进行沟通，了解学生没有上课的原因及其他课堂上的行为表现，辅导员就某个学生的问题或某些学生共同的问题与教师进行探讨，一起商定教育方案，与学生及时沟通，引导学生将心思放在学习上。

3. 畅通信息反馈渠道

为及时为学生解惑答疑，山东理工大学在这一方面进行了深入的探索，学校积极开展大学生服务体系建设，于 2005 年 9 月 29 日正式挂牌成立了大学生事务中心。大学生事务中心是贯彻落实《中共中央 国务院关于进一步加强和改进大学生思想政治教育的意见》精神和"以人为本"的科学发展观的具体体现，是认真贯彻学校党委工作部署，积极落实"育人为本，全面服务学生成长成才"工作理念，提高学生思想政治教育水平、服务育人水平的具体体现。大学生事务中心自成立以来，以"方便学生办事、解决学生困难、维护学生权益、服务学生成才"为目标，不断改进工作方式，不断拓展服务功能，用"学生满意不满意"作为检验工作的标准，为学生健康成长创造了良好环境和条件，大学生事务中心不仅成为学生的温馨家园，而且也成为社会了解学校的一个窗口。大学生事务中心的成立也得到了学校各部门的大力支持，成立之初就有 13 个部门入驻大学生事务中心，开设了 16 个固定服务窗口，为学生提供办理教学事务、勤工助学、就业服务、水电营业等 67 项服务。大学生事务中心除了一站式服务平台，同时也是信息超市和学生意见建议集散地，开设了校领导接待日和"职能部门与学生面对面"服务学生活动，还有学生的创业咖啡吧、无线网络服务等。大学生事务中心的建设与发展，得到了山东省委高校工委、省教育厅领导的关心指导，也得到了许多省内其他院校、校友以及广大同学的大力支持，尤其是得到了学校各有关职能部门和广大教职员工的积极配合和努力工作。2011 年，山东理工大学在大学生事务中心工作的基础上，经过精心准备，又挂牌成立了学生学习与发展指导中心。学生学习与发展指导中心的挂牌成立，是学校学生成长成才服务体系建设的又一件大事，是学生事务管理顺应时代发展和服务对象的内在要求，由学生事务管理到学生学习发展指导的更高层次的转变，是高校学生事务管理的有效变革和模式创新，是学生发展理论的实践探索，必将对学生的成长与发展产生深远影响。大学生事务中心和学生学习与发展指导中心的成立，引领全校上下、广大教职员工牢固树立了学生第一的思想和为学生服务的意识，"以爱为源，以生为本"的育人理念已经成为广大干部、教师和工作人员的自觉行动。以学习与发展指导中心揭牌为标志，各学院积极参与，进一步完善大学生服务体系建设，促进学生健康发展、成长成才。为进一步畅通反馈渠道，保证学生诉求意见建议能够得到及时有效的收集、处理和反馈，推动解决学生在思想、学习、生活等方面的实际问题，各学院也结合本学院的实际，加强对高校学生事务管理和学习指导的研究，积极探索和建立符合学院特点的信息沟通反馈平台。其中数学与统计学院以服务学生成长成才为理念，探索打造建立了"数院心声带"信息沟通反馈平台。平台设立了一部全院公开的热线电话和一个电子邮箱，接受学生的意见建议以及问题的反映并及时予以答复反馈，除此之外，学院还打造一个与学生常态化面对面交流答疑活动的平台，此平台包括院领导面对面、老师答疑坊两个模块的活动内容，其中院领导面对面活动为每周五下午进行，老师答疑坊则包含学生学习与发展指导答疑（由学院各系室负责承办）和辅导员答疑，其中学生学习与发展指导答疑活动主要侧重于学生在校期间学习与发展过程中的答疑指导，其主题是每学期初在全院范围内广泛征求学生诉求的基础上拟定的，涵盖了学业、课堂教学、社会实践、学习方法、创新创业、考研等主题；辅导员答疑主要侧重于学生日常教育管理过程中的答疑指导。"数院心声带"信息沟通反馈平台的搭建，进一步畅通了学生与学院之间的沟通渠道，提高了学生在校学习生活的幸福感和获得感。

四、以人为本，尊重学生需求

教育是什么？教育是培养人的社会活动。教育的主体、出发点与目的都是人。人本主义是一种以人为本的科学管理理念。中国共产党十六届三中全会中提出坚持以人为本，这是马克思列宁主义与中国国情相结合的又一次伟大的智慧结晶。高校管理中的以人为本就是要以学生为本和以教师为本。坚持以人为本，就必须坚持多层次全方位的尊重所有人和发展所有人。只有真正尊重人的需求，我们才能真正理解和发展人。因此，尊重需求，是以人为本的核心。

美国人格与社会心理学家马斯洛提出了著名的动机理论即需求层次理论。按照马斯洛的需求层次理论，人类成长和发展的内在力量即是动机。动机是通过多种不同阶段和性质各异的需求所组成。各需求之间呈现出金字塔状的等级次序。最底端的是生理需求、安全需求、社交需求随后依次走向尊重需求和自我实现的需求。马斯洛认为，这五种需求之中只有下一个层次的需求得到满足之后才能激发个体去追求上一个层次的需求满足。各个层次的需求是相互依赖的，不同时段内不同的需求处于支配主导地位来激发人们的意识，支配人们的行动。尊重学风建设中学生和教师的需求并帮助他们实现基本的需求，可以更好地激发学生群体和教师群体自我实现的高级需求和欲望，从而使他们能够全身心地投入到学习和教学之中去。

1. 以生为本、尊重学生的需求

要了解大学生群体的需求，首先要充分研究他们、洞悉掌握他们的主要特征。目前在校的大学生绝大部分为独生子女，独生子女的显著特点之一就是虽然喜欢与人交往，但往往容易以自我为中心，生活自理能力和自制能力较差；另外作为刚刚成年的青年人，大学生身上往往还带有未成年人的某些心理特点，比如心智不太成熟且极易受他人影响、身心较脆弱、具有强烈的自我保护意识、情绪极不稳定以及反叛心理等。因此，在校大学生群体的需求主要有人文关怀需求、人格独立且被尊重的需求和社会交往互动需求。因此，高校要关注大学生的各种需求，给予大学生更多的关怀、关心和关爱。当今社会物质生活丰富，基本的物质生活保障已经不再是人们的主要关注点，精神层面的温饱渐渐成为主要矛盾。由于生活自理能力较差且远离父母，很多大学生很容易陷入失落感和孤独感之中，他们习惯于把自己保护起来，出于强烈的自尊的考虑，也往往不愿主动与他人倾诉交流，为了调节缓解不良情绪，他们通常会选择将自己的消极情绪宣泄到网络游戏中去，在游戏消遣娱乐活动中获得满足感和安全感，因而在学习上花费的时间和精力就越来越少，从而荒废了学业。对此，高校要充分利用和发挥好辅导员和班主任的作用，改变以往辅导员和班主任"控、压、严"的管理方式，变"堵"为"疏"，以学生为本，把学生当作朋友去交流和沟通，对学生进行更多的关心和爱护，让学生充分感受到来自学校的人文关怀，减少学生负面消极情绪，让大学生快乐学习、快乐成长、快乐进步；要充分和全面尊重学生的人格独立，维护学生的个性发展，在信任中孕育良好的学习作风；要加强对大学生的教育和引导，寓教于乐。另外，只一味地强调严格管理是不利于学风建设的，过于频繁的学风检查制度会引起学生的反感，不利于和谐氛围的营造和良好学风的养成，相互尊重与信任是人际交往的首要原则，是建立学风建设长效机制的必要前提。

2. 以师为本、尊重教师的需求

高校教师是高校教学活动的实施者，在教学活动中起着主导作用。大学不但要有大楼、大树，更要有大师。教师和学生的地位是平等的，尊重学生的需求的同时不能忽视教师的需求与成长，教师的发展对高校的发展有着直接的影响。因而尊重的需求是高校学风建设的客观要求。首先，学校要高度关注教师的生存和生活需求，努力提高和改善教师的物质生活条件。当前形势下收入水平低、工作压力大、以论文数量和课题指标来求生存是不少高校教师的生存现状，尤其是青年教师，被买房、教学、科研三座大山压得喘不过气来。因此，教师不得不为了生存而不停地申请课题、竞聘职称，搞科研、写论文、评职称便成了高校部分教师的主要关注点，基本很少有时间潜心研究教学，更谈不上师生深入交流了。这种现象可以说是屡见不鲜。最后结果往往是教师厌教、学生厌学。这无论对高校教师还是对高校自身来说都是致命的伤害。因此，关注教师的生存需求，改善和提高教师的物质生活条件从而减轻高校教师的生存生活压力，有助于调动教师在教学方面的积极性，改变部分教师缺乏教学热情、课堂上缺乏师生互动的现状。其次，高校要关注教师的发展需求。学校是教师成长发展的芽床。高校应积极组织教师参加各类有助于提升各方面能力的职业培训和学习调研，满足教师的发展要求。社会在进步在发展，为了适应教育改革与发展的需求，教师必须与时俱进，努力提升自己，不断向前发展。尤其是在科技飞速发展的今天，学生获取信息知识的渠道多样化，教师作为唯一的知识源的传统地位已不复存在，教师必须重新审视自己，不断更新自身的知识储备，只有这样才能不为社会所淘汰。

第六章
搭建活动平台，构建良好学风的机制

高校学风建设的推动，既需要显性教育的开展，也需要隐性教育的熏陶和营造，特别是活动平台的搭建。因此高校在开展大学生思想政治教育的过程中，可以开展丰富多彩的有关学习方面的活动，通过活动的开展有效整合和优化各种校内资源，实现思想政治教育、文化活动和学风建设的有机契合，从而提升学风建设的功效，推动高校学风建设的进一步发展。

一、强化"三风"建设，促进"三风"良性互动

校风、教风和学风是高校自身精神风貌的体现，其中校风是高校的根本所在，也是教风及学风得以形成的精神内核；教风是高校的关键所在，是校风的外在体现，也是良好学风形成的重要途径；学风是核心所在，是校风和教风理念的最终彰显。对高校而言，加强"三风"建设至关重要，"三风"建设的成效直接反映了高校的办学实力及办学质量，不仅有利于立德树人教育根本任务的实现，而且对提升高校办学质量、办学层次和办学声誉等都有着非常重要的推动作用。

1. 以党建工作为抓手，提升"三风"建设的水平

高校要努力促进"三风"建设与高校党建工作的有效融合，党建工作既可以更好地统一思想，提高高校教师对"三风"建设的认识水平，凝聚共识，也可以提升教师的思想道德水平，激发广大师生参与"三风"建设

的积极性和热情，又可以很好地协调学校内部各部门之间的关系，使"三风"建设沿着正确的方向发展。高校应充分发挥基层党组织的重要作用，确保高校思想道德建设的落实，从而促进党员形成高尚情操、保持思想的先进性，并成为净化"三风"过程中的榜样和示范典型。同时，高校也可以借助党建相关工作展开进一步的教育和引导，使师生群体形成共同的思想基础，在党建有关工作的基础上，还可以进行进一步的教育和指导，使师生形成共同的思想基础，从而凝聚全体师生的力量来开展"三风"建设工作，促进高校良好精神风貌的改善与提升。

2. 建立完善"三风"建设运行机制

一套科学有效的运行机制可以给予"三风"建设适当的约束和规范，从而保障"三风"建设的有效运行。这种运行机制必须具有全方位的特点，以保证建设工作能够贯穿教育教学的全过程；机制必须要具有主体性，以确保师生员工能够积极主动地参与其中；机制必须要具有开放性，使得"三风"建设能够适应高校的发展要求，同时博采众长，吸收借鉴外界有利的经验；机制必须要具有互动性，确保校风、教风、学风能够互融互通，良性互动；机制还必须要具有长期性，使得"三风"建设在实践中能够不断进步和发展，从而臻于完善。

3. 评先树优，典型带动

一方面，高校要充分发挥本校优秀师生群体的榜样示范作用。正处于发展期的大学生和青年教师们具有较强的可塑性，他们会自觉或不自觉地向优秀人物看齐。因此，应多开展交流座谈或主题讲座，加强宣传教育，突出校园先进人物或道德模范在学术研究和思想道德方面的引领作用。另一方面，要努力开展对于"落后群体"的相关帮扶工作。"落后群体"是指缺乏自律意识、在思维习惯或行为方式上存在缺陷甚至错误的群体。但值得注意的是，他们的"落后"仅仅是暂时的，他们自身经过教育和引导后，仍具有很大的发展潜力，存在很大的发展空间。高校应正确认识和对待个性和共性的差别，采取专门的措施来加强对落后群体的传授、帮助和带动，因势利导，规范管理，从而促进高校师生群体整体、协调的发展。

二、协调教学、团学活动，促进各类学风建设的互通

尽管教学与团学是高校内部两种不同类型的工作，但两者紧密依存、互促共进。两者在人才培养的目标上具有一致性，在工作载体上具有互通性，在具体功能上具有互补性，在内涵价值上具有共增性。高校在加强学风建设的过程中，要重视教学工作与团学工作的相互统一，注重教学工作与团学工作的资源整合，有效协调教学、团学活动，加强两者之间的交流合作，促进各类学风建设活动的互通，从而进一步提升高校教育教学和学风建设的实际效果。

1. 教学、团学深度融合统一，共促人才培养目标实现

高校须摒弃教学重智育、团学重德育的传统做法，由教学工作和团学工作两大系统人员共同协商、统筹安排相关工作内容，制定科学、有效和可操作的实施方案。在教学工作中增加德育内容，在团学工作中增加智育内容，实现两者双重培养目标的方向一致性，在实际操作中，高校要努力使两者达到并行不悖、功能互补，从而促进教学、团学深度融合的效果。

山东理工大学于2018年全面启动实施"第二课堂成绩单"制度，颁布实施《山东理工大学"第二课堂成绩单"实施办法》。第二课堂成绩单是学生参加学校认可的第二课堂活动项目所获得的成绩、经历、证书等综合素质提升的证明，第二课堂作为第一课堂的有益补充，共同致力于学校"五有"人才培养目标，将第二课堂活动项目按"社会责任""创新能力""实践能力""身心修养""特色发展"五个模块归类，其实施由组织领导、项目体系、记录评价、数据管理和成绩单管理使用五部分组成。

第二课堂成绩单坚持融入性的实施原则，将第二课堂活动项目融入学校人才培养总目标，融入第一课堂，围绕"五有"目标，在第二课堂易为、好为、更具优势的领域深入推进与第一课堂的互动互补、互相促进；坚持学生主体性的实施原则，在合理设置第二课堂活动项目和学分标准的基础上，以大学生自主设计、自主组织、自主选择第二课堂活动项目为主要方式，以契合学生需求、服务学生成长为目标，充分发挥学生主体作用，

使学生在第二课堂实现自我教育、自我管理、自我提升；坚持开放性的实施原则，第二课堂活动项目向学校各单位开放共享，各单位围绕人才培养目标实施的各类第二课堂活动项目经审定均可纳入第二课堂成绩单项目体系。

第二课堂成绩单采取学校统筹、学院（部门、单位）组织实施的方式实行。学校成立第二课堂成绩单工作领导小组，由主管学生工作、教学工作的校领导任组长，校团委、教务处、人力资源处、学生工作处、招生就业处、国际合作与交流处、创新创业学院等部门负责人为小组成员，领导小组负责制定第二课堂成绩单实施办法、统筹教育教学资源，推动部门协同，监督第二课堂成绩单制度实施，指导第二课堂活动项目体系搭建和学分认定等工作；领导小组下设第二课堂成绩单管理中心（以下简称"学校第二课堂管理中心"），挂靠校团委，校团委书记兼任中心主任，学校第二课堂管理中心主要职责是在领导小组的领导下，统筹全校第二课堂活动项目的设计、认定、管理第二课堂学分，提出学分预警，统计反馈第二课堂活动项目的开展情况，维护第二课堂成绩单网络管理系统并开展相关培训，认证发放第二课堂成绩单，接受学生咨询等；在学校的组织架构体系下，各学院成立第二课堂成绩单工作组（以下简称"学院工作组"），由分管学生工作、教学工作的院领导任组长，主要负责制定本学院学生第二课堂培养方案，指导第二课堂活动项目实施，接受学校第二课堂管理中心授权完成院级及以下第二课堂成绩单活动项目的审批及学分管理，配合学校第二课堂管理中心做好本学院学生第二课堂学分的统计及相关咨询答疑等。第二课堂成绩单五个模块分别主要记录以下内容："社会责任"模块主要记录学生参与各类校内外志愿公益活动和大学生志愿服务西部计划的情况，以及参加军政训练、服兵役、无偿献血、见义勇为等其他体现社会责任履行方面的表现情况；"创新能力"模块主要记录学生课外参与的创新创业实践情况以及参加各级各类学术科技、创新创业竞赛和活动的经历及获得的相关荣誉等情况；"实践能力"模块主要记录学生参与的"三下乡"社会实践活动及其他实践活动的经历以及校内外社会工作等的经历和表现情况；"身心修养"模块主要记录学生思想成长情况，参加文体艺术活动、党团组织活动等方面的表现情况以及参加交流访学等有益于身心修养的其他活动项目的情况;"特色发展"模块主要记录除上述四个模块以外,学生还可以根据自己特长爱好等自主设计选择的成长项目,一般包括但不限于学生课外阅读情况,参加各类技能培训活动及认证情况以及获取各项职业资格证书等的情况。第二课堂成绩单采取学分式评价方式,学生需在弹性学制内修满8个学分方能申请毕业;学生获得的相关第二课堂学分可以替代通识任选课程学分,被替代学分最高不超过4学分。学分替代须学生本人提出申请,经所在学院工作组和学校第二课堂管理中心认定,报学校教务部门审议通过后执行;第二课堂成绩单网络管理系统是第二课堂成绩单的记录载体,经学校第二课堂管理中心及其授权单位审批后的活动项目和学分设置情况,一般均应在该系统发布,并接受学生选修,因故未在第二课堂成绩单网络管理系统开展的活动项目,相关学分和成长记录由组织单位于活动结束两周内进行线下申报,通过后在系统内认定发放;学生可根据自己的专业、特长和兴趣爱好自由选择参与第二课堂活动项目,获得相应学分,同一项目所得学分只在第二课堂成绩单中记录一次,不交叉重复记录。在学校"第二课堂成绩单"实施办法的指导下,各学院汇总梳理第二课堂的活动项目,在此基础上制定本学院第二课堂培养方案,强化第二课堂质量评价体系制度建设,构建班级—院第二课堂工作部—院第二课堂工作组三级工作机制,强力推动了第二课堂成绩单相关工作的开展,促进了教学、团学的深度统一。

2. 注重教学工作与团学工作的资源整合

1)强化学生社团的建设

高校要为教学工作和团学工作的良好协作和有效对接搭建载体,加强学生社团与常规教学活动的联系和结合,从而实现课内与课外活动、教学与团学活动的有机融合。比如,可以创建一些有利于提升学生专业能力和道德水准的学术性社团、理论性社团等,充分发挥教师的主导作用,促进学生的全面发展。山东理工大学非常重视社团对丰富校园文化建设、服务学生成长成才的推动作用,自2015年举办首届社团文化节以来,至今已举办了六届,在推动社团工作中,学校倡导社团与专业相结合,社团指导实行双导师制,特别是鼓励和支持成立学术性社团和理论性社团并给予一定政策上的支持,取得了显著的成效。山东理工大学交通与车辆工程学院提出在本科学生中实施"五个一"素质提升计划,即学生在校期间"参加一次主题发言或演讲活动、参加一个社团或学生组织、参加一次社会实践活动、参加一个科研创新小组或科研活动、撰写一篇与专业有关的调查研究报告",在素质提升计划的实施下,学院积极搭建和完善"一专业、一社团、一赛事"创新实践平台,学院建有12个专业社团,其中的"至尚车队"有100多人,学院每年投入20万元让学生动手设计制造一辆方程式赛车,参加中国大学生方程式汽车大赛已历经三届,均取得不俗的成绩,许多队员未毕业就被各大车企抢签一空。近三年,学生在中国大学生方程式汽车大赛、全国大学生智能车竞赛、全国大学生交通科技大赛、全国大学生节能减排大赛等重大科技竞赛中获奖,获得国际奖励7项、国家级奖励300余项、省部级奖励400余项。

2)注重课外教育项目建设

高校可以依据大学生的知识、素质、能力等综合评估并设计诸如青年马克思主义工程等课外教育项目,构建课外教育教学的相关体系,加强教师与学生的深度交流与沟通,从而促进教学与团学的有机结合。

3)构建和完善信息沟通机制

高校可以构建以互联网为主要平台的相关信息沟通机制,推动教学、团学信息的一体化,使得教学工作和团学工作能够共享学生的相关信息。学工部与教务处应加强沟通与协作,进一步实现团学工作和教学工作信息系统的对接,进而更好地促进学生信息的互通以及校内资源的共享和利用,增强教师课堂教学和课外教育的针对性,引导学生的个性化发展和全面进步。

4)理论教学与实践相结合,提高学生学以致用的能力

高校要科学合理地设计教学课程,将社会实践纳入教学计划,将教学实践融入社会实践,将课堂目标与课外目标相结合,实现理论与实践的统一;要强化学以致用能力提升,结合专业特色和社会发展,积极拓展社会实践基地,探索推进"实习、创新、就业、创业"四位一体的社会实践模式,鼓励支持学生结合所学专业参与各类社会实践活动,也鼓励倡导更多的专业教师参与到大学生社会实践的指导工作中。

3. 建立教学、团学一体化的考核评价机制,以促进两者的可持续发展

考核评价主体应多元化,高校要改变传统只依靠教师进行评价的单一

考核评价模式，建立专门的涵盖教学、团学在内的考核评价小组或探索由学生、学生会以及团委等进行评价的多元模式，在此过程中高校要赋予每个主体一定的评价权重，以此来促进评价方式的科学化、合理化以及具体化。考核评价体系应具有科学合理的特点，高校须建立专门的教学、团学考核评价体系，将教学工作与团学工作的内容融入其中，并将此作为各学院和各部门的考核标准。考核评价结果应具有同一性的特点，高校在落实和实施考核评价体系的过程中，要将考核评价结果相对应地运用到教学工作和团学工作中去，以促进两个部门能够在日常工作中合理地分配德育和智育的工作比重，从而实现教学、团学的协调有序发展。

三、改革学生评价体系，确保评价与学风建设的互证

学生评价体系对于高校学风建设具有极其重要的诊断、导向和激励作用，是高校加强学风建设的一个重要环节。高校在改革学生评价体系的进程中，应进一步明确人才培养目标，加大落实立德树人根本任务的力度，建立综合、全面的学生评价体系，创新大学生评价考核方式，确保评价与学风建设的互证。

1. 改革学生评价制度

高校学风建设是为高等教育服务的，因此，高校必须坚持立德树人的根本任务，以学生的德、智、体、美、劳全面发展为出发点和落脚点，结合学校实际特点，明确办学方向，确定人才培养目标，促进学校优良学风的整体推进，提高人才培养质量。山东理工大学坚持高校培养德、智、体、美、劳全面发展的社会主义建设者和接班人的党的教育方针，按照党的教育方针和中央、省委的要求，结合学校办学实际，以提升学生成长成才能力为着力点，将党的教育方针细化和具体化，提出了"五有"人才培养目标，即要把学生培养成有社会责任、有创新精神、有专门知识、有实践能力、有健康身心的应用型高级专门人才。"五有"中，"有社会责任"放在第一位，主要强调对学生思想品德方面的要求，要通过言传身教、示范引领，引导学生培育和践行社会主义核心价值观，坚定理想信念，陶冶道德

情操，诚实守信，艰苦奋斗，敢于担当，自觉服务社会、奉献社会，体现社会责任感；"有创新精神"，就是要培养学生创新的意识、精神和能力、素质，让创新凝结成学生固有的气质，要将创新创业教育融入人才培养全过程，通过启发式、探究式、讨论式教学，引导学生学会独立思考，养成批判性思维，不墨守成规，不唯书、不唯上，敢于质疑，善于提出新理念、新观点和新方法；"有专门知识"，就是改变以往过多强调大口径宽口径的培养模式，更加突出大学教育的专业性大学教育是专业教育，学生必须要具有相应的专门知识，要引导学生培养专业兴趣，增强专业认知，掌握科学学习和研究方法，把握本专业知识的特殊规律和内在联系，打牢专业知识储备基础，要聚焦专业素质和综合能力提升，开展"专业+"或"+专业"教育，构建合理的知识结构，提升学生胜任相关专业领域工作的能力；"有实践能力"，就是要培养学生把思想和理论转化为具体行动的能力，提升学生工作落实的能力，要通过加强实践教学环节，为学生投身实践创造条件、搭建平台，突出工程训练的真实性、创新性和实效性，引导学生运用所学知识分析、发现、解决实际问题，在社会实践中学真知、悟真谛，经受锻炼，增长才干，实现知识和行动的有机统一，真正做到学以致用、知行合一；"有健康身心"，就是要使学生不仅要保持身体健康，还应当在心理和社会适应能力等方面保持健全与良好状态。

在"五有"人才培养目标的指引下，为对学生综合素质进行全面、客观、科学的评价，引导学生努力成长为"五有"人才，山东理工大学深入探索学生评价制度改革，2018 年重新修订了《山东理工大学本科学生综合素质测评办法》，综合素质测评总分 100 分，包括思想品德素质、学业成绩、身心素质和创新实践能力 4 个测评模块，分别以 10%、70%、5%、10% 计入综合素质测评总成绩，另外 5% 的分值用于各学院根据年级、专业特点等调整相应模块比例或者增加特色测评模块。其中思想品德素质测评主要评价学生的政治表现、道德品质、遵纪守法和社会责任等，引导学生坚定理想信念，自觉服务社会、奉献社会；学业成绩测评主要评价学生当前学期教学计划规定的所有课程（公选课和辅修专业课程除外）学习情况，引导学生提升专业胜任力；身心素质测评主要评价学生的身体、心理和社会适应能力的基本状态，引导学生用阳光的心态投入学习、工作和生活；创新实践能力测评主要评价学生在创新创业、社会实践、文化活动及其他方面的能力发展情况，引导学生勇于创新、知行合一。新的综合素质测评办法出台后，对学生起到了很好的正向引导作用，充分反映学生素质发展全过程，对学生的全面发展、个性发展意义重大，也有力地推动了学风建设工作的开展。

2. 改革学业评估机制

当前高校在评估评价学生时，更偏向于考试成绩而忽略了大学生的道德素质，奖学金及"三好学生"等奖励和荣誉的评选也是以大学生的期末成绩为主，这在一定程度上促使了大学生不良考试行为的滋生。因此，高校需创新对于大学生的学业评估标准，注重评估标准的多样化及时代性，改变"一试定音"的传统评估模式，从而从多个角度对大学生进行更加全面的评价。在这一过程中，高校应严格遵循教育教学规律及人才培养规律，增加道德评估权重，突出德育功能，注重对于大学生思想品德的引导，以防止其不良思想和行为的滋生。此外，高校还可以将身体素质、人际交往等因素列为评估标准，从而构建更加科学合理的学业评估机制。

3. 丰富考评活动，促进考评活动更加丰富多彩

高校可以通过朗诵、辩论赛、讲课比赛、现场写作比赛等活动来对大学生进行考评。在考评活动的过程中，评价者需要认真学习和研究新课程标准，明确学科培养目标和评价准则，从而加强考试与评价的目的性和有效性，促进考评工作科学、规范和有效的开展；要制定一套合理的、切实可行的并且操作性强的活动考评标准，该标准须符合本校实际情况、符合教育规律并且符合大学生身心特点。在整个考评进程中，应始终坚持公平、公正的原则，不能带有个人感情色彩。

第七章
以班级建设为凝聚，以优良学风促成长

班级是学校进行教育教学活动的基本组织形式，是学生在高校最基本的归属单位，也是团结学生、组织学生、教育学生、服务学生的重要组织载体。强化班级建设，发挥班级的育人功能，对于高校营造良好的学习环境、塑造优良学风、促进学生成长成才具有重要的现实意义。

一、班级建设的工作背景

做好班级学风营造工作意义重大。大学生活动的主要内容是学习，参加科学实验和社会实践，参加以教学和教育为目的而进行的各种特定活动。不可否认，在校期间大学生的首要任务就是学习，而班级就是大学生学习的基本组织形式，同时也是大学生学习的主要场所。因此高校在现实中要注重发挥班集体在学生受教育过程中的主体作用，其中最关键的一点就在于建设优良的班级学风。班级学风是指班级成员的学习觉悟、精神状态、学习目的、学习态度、学习习惯的共同表现形式。班级学风的好坏将直接影响到学生个人的素质发展并进而影响到学生个人的就业和专业学科的发展，同时也会影响学校的人才培养质量和办学声誉等。因此高校的班级建设工作刻不容缓。

山东理工大学高度重视班级建设工作，有着优良的班级建设工作传统，在以班级建设为抓手、促优良学风校风形成方面，开展了大量的卓有成效的工作，积累了丰富的班级建设工作经验。为进一步加强班级建设，在原

有班级建设工作的基础上，2017年12月，学校出台了《山东理工大学班级建设实施办法》，将班级建设上升到学校顶层设计以及制度层面，作为学校的一项重点工作常抓不懈。该文件的出台，旨在强化班级在团结、组织、教育、服务学生中的功能，构建起融班级成员个人与集体共同成长发展的长效机制，在全校范围内打造一批先进的班级建设模范典型，发挥班级示范引领作用，助力学生成长发展为"五有"人才，同时也培养和造就一支政治可靠、本领过硬、作风扎实、自律严格、师生认可的班级学生干部队伍。此文件的出台为班级建设做了学校层面的顶层设计，为班级建设相关工作的开展提供了强有力的保障。其中数学与统计学院在班级建设工作方面，进行了许多有益的探索工作，取得了很好的效果。

二、班级建设工作理念和工作思路

当前，随着高校学分制改革和分层教学的逐步深入推进，班级的概念在高校中逐渐被淡化，班级在教学和学习方面的集中性也被打破。生活中，随着新媒体技术和移动智能终端技术的发展和普及，从教师的层面来看，辅导员和班主任主要靠网络来处理涉及班级层面的日常工作，从学生层面看，集中性的班级活动越来越少，班级的组织和教育功能日益被弱化。在实体班级概念和作用逐渐被"淡化"的大背景下，作为班级大集体层面之下的小集体——宿舍，在学生日常学习生活中的地位和作用凸显，很多学生更愿意以宿舍为单位进行人际交往，宿舍"小团体"现象日益突出，阻碍了班级同学之间的交流，严重弱化了班级对学生的凝聚力，同时也割裂了个人与集体环境的关系，从而很容易导致学生个体游离于班级集体之外，只讲自我努力和个人利益，班级集体荣誉感、公共责任感都呈下降趋势。

数学与统计学院属于基础学科学院，学院招生层次复杂，专业类别较多，学分制背景下班级凝聚力和向心感较弱，基础学科专业学习难度较大导致挂科现象较多，这些因素都无形之中增加了学院班级建设工作的难度，使得建设工作面临着严峻的挑战，需要在现实工作中寻求破解。与此同时学院也有着优良的班级建设传统，"朴实、踏实、扎实、诚实"的院风孕育了一大批先进的班级建设典型。近年来，数教 1401 班、数教 1501 班、统计 1501 班、数教 1701 班等班级先后荣获省级先进班集体，统计 1501 班还荣获首届学校十佳班集体第一名的好成绩，2020 年数教 1701 班再获学校十佳班集体殊荣。新时期，学院班级建设工作在继承和发扬优良传统的基础上，立足于学院实际，坚持"破"和"立"结合，勇于创新，取得了显著的成效。

1. 班级建设工作理念

班级成立的根本目的在于实现共同的教育任务，基于教与学的辩证关系，追求良好的学习行为和学风状况是班级管理的核心追求。同时，班级是大学生共同学习和生活的"学习共同体"，基于整体与部分关系的原理，大学生个体的学习必然受到班级整体学风的影响，优化班级班风学风环境，是大学生学风教育的必然选择。数学与统计学院注重学生的思想教育和引导，强化学生的集体荣誉感，突出班级凝聚力和向心力的培养和塑造，营造团结协作、整体向学的良好班级氛围，因时而进，因势而新，秉承"从'要我做'向'我要做'转变、打造班级成长共同体"的工作理念，强化自律，重在激励、唤醒、点燃，重在常态自然，重在习惯养成，扎实开展班级建设。

2. 班级建设工作思路

在开展班级建设工作的过程中，学院坚持传承性与创新性相结合、规范性与实效性相结合，注重顶层设计，强化一个核心——筑牢思想教育和价值引领、抓一条主线——在"学"字上下功夫聚焦打造优良班风学风、"新"连"心"的班级建设理念和思路，发挥班级在学生成长成才过程中的育人功效，不断探索班级建设长效机制。

三、班级建设工作开展情况

数学与统计学院高度重视班级建设，加强学院层面班级建设顶层设计，统一标准和思想认识；强化班级思想建设，筑牢班级思想教育和价值；创新探索班团一体化模式，走心做好班级组织建设；创新理念，贴心做好班级文化建设；构建"三全"育人大格局，六大平台搭建，多方联动协同推进，显性教育与隐性教育内外结合，为优良班风学风建设凝心聚力；创新载体建设，暖心做好帮扶工作，取得了很好的成效。

1. 加强班级建设设计

学院成立专门的班级建设领导小组，定期研究工作推进情况，在继承学院班级建设优良传统的基础上，结合学院的实际情况，制定完善《数学与统计学院班级建设实施细则》等班级建设相关规章制度，设定班级建设达标量化指标体系，狠抓班级规范化建设。《数学与统计学院班级建设实施细则》是规范化推进班级建设时间表和路线图，从操作层面进一步明确了班级建设实施的全过程，班情学情分析、全课程教师评学、所有班级量化达标考核、全面使用《班团规范化建设纪实手册》、学院学工队伍同频共振。班级建设重在过程，久久为功，学院每个学期都要通过召开各年级班级导师会、学生干部大会和班会等形式，进行班级建设政策解读以及通报班级建设进展情况、分析下一步工作举措等，确保全院上下思想认识统一、标准一致、凝心聚力、协同发力，努力实现班级规定动作执行落实到位，也使得班级建设相关思想入脑入心。

2. 强化班级思想建设，筑牢班级思想教育和价值引领

新冠肺炎疫情发生以来，学院坚持把疫情防控与思政教育紧密结合，以共同战"疫"为契机，以活动为载体，强化理想信念教育和价值引领，厚植家国情怀，

注重将常规教育与专题教育相结合，线上与线下教育相结合，扎实开展社会主义核心价值观和家国情怀教育、国家安全教育、安全法纪教育、心理健康教育等主题教育活动。开展教育的同时，学院注重引导学生用于承担社会责任，发掘宣传身边的榜样，新冠肺炎疫情防控期间，在学院的积极引导和先进学生典型的带动下，学院团员青年讲奉献、献爱心，展现了我院学子的情怀与担当。据不完全统计，学院学生共有40多人先后参加全国各地的防疫一线志愿者工作，奏响了"防疫有我"的最强音。

3. 创新探索班团一体化模式，走心做好班级组织建设

学生干部是加强班级建设和管理的骨干力量和关键少数，也是大学生学习的重要参考对象，在大学生班级建设特别是学风建设中发挥"自我教育、

自我管理、自我服务"的功能，是受教育者主体力量的重要来源。高校在开展大学生班级建设过程中，首先要选拔一批道德品质可靠、学习成绩优良、乐于服务班级的班级学生干部队伍，只有班级干部队伍作风优良、学习态度端正，才能带动整个班级营造良好的学习氛围。其次，教育者要充分调动学生干部的积极性和主体性，让学生干部协助班级日常管理。班级干部要肯干事、敢管事，及时向班主任报告班级缺勤人数和名单，与任课教师沟通班级学生学习感受和学习期待，尽职尽责收取课程作业、做好班级服务，有创意、肯吃苦地组织集体活动，加深学生感情。班级干部队伍作用得力，班级才能团结一致，富有凝聚力，班风学风才能蒸蒸日上。最后，教育者要及时表彰班干部队伍和其他学习优秀学生，在班级确立一批品学兼优的学生骨干和积极典型，用标杆方式激发学生学习的竞争意识和拼搏精神，也让学生骨干和优秀学生感受到学习的自我成就感和社会认可感。

为提升班级组织运行功效，学院创新探索班团一体化模式，夯实班级学生干部队伍建设，不断提升学生干部抓班级管理和服务同学的能力。学院全面推行班级建设日志制度，严格班级例会制度，至少每月召开一次班会，促进班级工作规范化；在学院班委职责分工相关制度规定的基础上，学院从个别班级试点，以班级工作效果为导向，压实班委主体责任，由相关班级自行对本班级团支部实际工作模块进行切块划分，进一步明确班委专项工作分工，优化班团一体化运行模式，经辅导员多次召开班委座谈会进行总结升华，现已在低年级全面推广，班级组织运行机制运转高效；为加强班委抓班级建设和服务同学的意识和能力，学院强化班委工作过程性考核，量化工作任务考核目标，并引入班委中期监督考核机制，根据班级建设日志工作记录，结合各班委实际工作开展情况，由班级全体同学对本班班委进行期中工作满意度评价，对不合格者进行批评教育，对多次教育无果的班委，实行清退制；为提升班委的工作执行力，学院把全体班委都纳入学院学生干部培训范围，提高了班委的理论水平、工作技能和实践能力；为提升疫情防控形势下班级和宿舍工作的执行力度，学院以宿舍管理为抓手，增强班级凝聚力的同时，为提升工作的实效性，探索班委舍长一体化建设，大一各班级实行班委兼任舍长制。

4. 创新理念，贴心做好班级文化建设

班级文化是指师生共同创造和形成的班级精神文化和物质文化的总和，

其中物质文化是基础，精神文化是灵魂。就班级精神文化而言，其主要表现为班级氛围的营造。班级氛围是影响学生学习自主性的主要因素之一，是由师生共同缔结和维护的，其最主要的成分是学生同辈群体之间的相互影响。班级氛围特别是同辈群体之间关系的处理对于大学生来说，是非常重要的隐性教育资源，它对大学生个体有着重要的作用和影响，与此同时它也通过对大学生个体的作用来影响班级组织。综上所述，班级文化对学生的成长和发展有着非常重要的作用，它可以激发学生的学习内在驱动力和学习自主性，变"要我学"为"我要学"，也可以激发学生个人对集体的荣誉感，还可以为学生创造良好的学习氛围。

在班级建设过程中，学院注重推进载体建设，在班级建设过程上下功夫。着力破解班级建设载体不够丰富、抓手不够有力的困境，立足现有载体，创新活动组织方式和作用机制，增强学生对班级的认同感和归属感，力推以牢固树立集体意识引领班级建设工作，赋予传统载体新内涵。无人监考班级接续传承继续发挥引领示范作用，创新暑期社会实践活动、迎新、毕业晚会等传统活动组织形式，要求相关年级以班级为单位组织参与活动，有效提升班级凝聚力向心力。

在班级建设过程中，学院还创新建设理念，贴心做好班级文化建设，建设打造班级"家"文化。学院倡导"把班级还给学生、让班级成为学生的精神家园"的理念，充分发挥学生在班级建设中的积极性和主观能动性，并在现实中进行了深度的探索。学院全面使用《数学与统计学院班级建设日志》，一方面促进了班级日常工作规范化，另一方面，学院对班级建设日志的各个模块只设计了框架结构予以引导，其具体的内容则由各班、各宿舍发挥主观能动性和集体智慧来自主设计，包括班级公约、班风班训班徽、宿舍公约等，突出班级特色，做到"一班一策、一班一档"；通过"我的班会我做主"自主设计班会形式开展班会活动、以易班为平台打造班级网络化"家园"建设等，打造个性化班级文化建设模式，并借此强化学生对班级的情感认同和价值认同，增强班级凝聚力，将班级文化育人落地生根。

5. 构建"三全"育人大格局，为优良班风学风建设凝心聚力
1）搭建行为养成平台，为优良班风学风养成积蓄力量
学院重视大一新生的习惯养成教育，为大一新生各班级配备了专用的

晚自习教室，为保证晚自习的效果，规定晚自习时间不得安排任何学习之外的活动；为养成良好的宿舍文明行为习惯，学院启动了宿舍文明行为自查活动；学院还克服种种困难，在教室资源非常紧张的情况下，为毕业班各班级配备了考研自习室，考研前夕，学院全体院领导到自习室看望考研学生，为学生送去嘱托和祝福。

2）搭建校园文化平台，营造优良班风学风软环境

为丰富班级文化建设，激发学生学习数学的兴趣，启迪数学思维，学院每年下半年都举办"数学文化节"，通过一系列精品活动的组织和开展，使数学知识走进大学生活，贴近生活实际，提升了学生对数学知识的认知和理解，深入地了解了数学知识的实际应用，使学生在学以致用中提高了学习自主性，促进了良好学风的养成。

3）搭建名师学术交流平台，为优良班风学风营造奠定基石

名师引领，共筑梦想。学院常年邀请国内外知名专家学者，针对学生的层次和认知水平做专题学术报告或短期授课，平均每年举办专家专场报告20余场。通过订单式报告，专家与学生进行面对面交流，让学生近距离接触大师，帮助学生以专业学习为中心向外不断延伸知识触角，强化学业基础，拓展文化视野。

4）搭建家校共育平台，共筑优良班风学风

为加强家校沟通，保证网课授课效果，学院全体教职工人员以手机短信的形式给全院所有学生家长发了《抗疫情期间致家长的一封信》，受到家长的积极回应；新生入校前，学院线上召开了新生家长见面会，全体院领导和新生辅导员参加了此次见面会；对学业警告和学业预警学生，相关辅导员也及时将学生的学业情况和在校表现与家长沟通，共同探讨解决的办法。

5）搭建教学联动常态化服务学生平台——"数院心声带"

每周院领导、辅导员与学生面对面零距离听心声、面对面收集建议，除此之外还启动了学生学习与发展指导答疑活动，答疑主要侧重于在校期间学习与发展过程中的答疑指导，其主题是学期初在全院范围内广泛征求学生诉求的基础上拟订的，涵盖学业、课堂教学、社会实践、学习方法、创新创业、考研等主题，仅2020年下半年就举办答疑指导活动10场，惠及学生1284人次。

6）树立模范班级典型

以"万哲先教学实验班""数学建模实践班"为依托，以点带面促优良班风学风形成。2014年，在山东理工大学"双聘院士"、数学家万哲先院士的大力支持下，我校于在山东省教育厅备案并设立"万哲先数学实验班"，旨在选拔培养一批数学学科拔尖人才，采取精英化小班制培养，每届选拔20名左右的学生，邀请国内外知名专家学者授课；"数学建模实践班"每年举办两期，学员基本以大二各班级智育前15名学生为主，以校内外高水平师资队伍和高水平配置的创新建模实践基地为保障，强化知识应用能力，以教促赛，以赛促学。通过两个班级的组建，以点带面，带动优良班风学风的形成。

6. 创新载体建设，暖心做好帮扶工作

1）暖心打造学院特色荣誉表彰体系，激发学生内生动力

学院开展一年两次评选表彰，上半年共青团"五四青春榜样"评选表彰，下半年学风建设评选表彰，起到了很好的榜样示范带动作用。万哲先院士一直关注着数学与统计学院学生的成才和发展，在山东理工大学设立"万哲先院士奖学金"，用于奖励特别优秀的数学与统计学院学生。到目前为止，已经连续评选了三年；充分发挥教学联动优势，通过持续开展优良学风模范班级评建、落实任课教师评学活动、构建横纵交错的班级互动体系、开展班级建设金点子比赛等举措，激发班级作为建设主体应有的内生动力；学院在开展评选表彰的同时，注重发挥先进典型的示范和导向作用，通过各种渠道，对优秀学生事迹进行大力宣传，营造"人人讲学习，班班创优良学风"的良好氛围。

2）关心关爱特殊群体学生

学院在疫情形势依然严峻、资金紧张的情况下，克服种种困难，对6名家庭经济困难建档立卡学生进行了家访；网课期间，助力疫情防控和线上教学两手抓两不误，引导学生提高对线上教学的认识，及时对择校考研、考研复试、就业面试、二次考试、选修重修、综合测评等工作予以宣讲，及时关注学生学习效果和在学习中遇到的困难，启用线下考勤模式，以班级为单位在全院开展"最美笔记"评选活动，引导学生特殊时期养成良好的学习习惯，保证学习质量；教学联动，学院以教学系为单位，全体老师和辅导员组织召开大二、大三各班级智育后五名学生座谈会，一起帮学习

困难学生找差距、抓落实；班级导师和辅导员一起召开班会，进行班情学情分析，分析学生学业产生困难的原因，有针对性开展谈心谈话、帮扶活动，加强与学生的沟通交流。建立学业困难学生一览表，重点关注学业困难的学生，并及时与家长进行沟通；学院领导班子在考研前夕，集体到考研自习室看望考研学生，送去了学院的嘱托和祝福；班级导师、辅导员与班级同学冬至一起包饺子，其乐融融，拉近了与学生之间的距离；以"数院心声带"为依托举办了学习方法工作坊等一系列活动，为学生学习出谋划策；学院学生党支部启动党员精准帮扶新疆预科班能力提升计划，从思想认识、学业发展、生活状态等多方面对预科生进行个性化指导帮扶，助力预科班学生全面提升成长成才。

7. 量化班级考核，强化目标引领

每学期初在班委换届后，各班组织开展班情学情分析、邀请辅导员和班级导师参加班情学情分析班会、填写学院制定的《班级建设达标量化指标统计表（自评）》、参加学院组织的班级团支部建设考核达标风采展、召开班委座谈会进行总结、材料整理与归档等工作，完成班级量化考核达标工作，在此基础上进行学校先进班集体和学院优良学风班级的评选，对表现突出的班级予以表彰和宣传，形成一批可复制、可推广的班级建设典型。

四、班级学风建设成效

1. 班风学风建设成效显著

学院各班级挂科率、违纪律和学业预警率都大幅度降低，学院80%的班级挂科率低于18%，考试违纪率为零，学业警告率0.81%，大幅度下降，达到学校规定的标准。

2. 铸魂育人工作成效显著

班级网络思政成绩突出，学院被评为"易班优秀学生工作分站"，3个班级获评"易班优秀班级"；连续多年毕业生文明感恩离校；2020年学院先后有6个团支部获校级立项资助，1个团支部获"红旗团支部"，1个团支部获校级"我的青春我的团"立项。

3. 宿舍育人功能初显成效

学院历来重视宿舍文化建设，2020 年，开展第四届宿舍文化节，组织优良学风宿舍评选，通过正舍风、树典型，达到树班风、促学风的目的，成效显著。17 号公寓 414 宿舍 6 名同学考研全部上岸，学校党委书记吕传毅在 2020 届毕业生毕业典礼上曾作为学霸宿舍典型重点提及。2020 年度宿舍卫生合格率 100%，优秀率 97%，违纪率全校最低；宿舍文化节效果显著，13 个宿舍获校优秀宿舍，8 个宿舍获优良学风宿舍，发挥了宿舍的育人功能。

4. 涌现出一大批班级建设先进典型

在班级建设达标考核的基础上，为选树先进典型，学院开展了优良学风班级、优良学风宿舍的评选，共评出 6 个先进班级典型、8 个先进宿舍典型进行表彰，形成了班级之间、宿舍之间、学生之间"比、学、赶、帮、超"的良好局面，在 2020 年 12 月学校举行的十佳班集体、十佳大学生评选中，我院取得历史性突破，荣获双十佳，成为仅有的六个获双十佳的学院之一。

5. "山理"现象——万哲先数学实验班

"万哲先数学实验班"前四届毕业生共有 80 人，其中 71 人考取了研究生，考研录取率接近 90% 以上，2016 级考研一次录取率更是达到了 100%，绝大多数学生都被国内外各大名校录取，实验班育人模式得到了校党委的高度评价，学校党委书记吕传毅在 2020 届毕业生毕业典礼上曾作为组织育人典型重点提及。"万哲先数学实验班"六年多的实践探索，已经成为山东理工大学人才培养模式改革创新的成功典范。

第八章
新媒体形势下辅导员——班级导师学风建设协同机制研究

随着网络信息时代和新媒体时代的全面到来，高校的学生教育和管理工作也面临着前所未有的挑战和机遇。特别是高校学风建设问题，现阶段已显现出新的特点和难点，值得引起我们注意。总体而言，对学生的教育培养既包括显性的教育，也包括隐性的教育，应加强显性教育和隐性教育相结合，共同提升高校人才培养质量。而在隐性教育中，良好的学风氛围营造是一个重要的方面。学风，即学习的风气，是学生在学习过程中表现出来的学习态度、精神面貌、做事风格、学习方法和学习习惯等诸要素的综合体现。良好的学风，可以起到"润物细无声"的效果，在无形当中持久发挥作用，有利于学生形成良好的行为习惯和优秀品质，直接或间接地影响学生的学习行为和学习目标，促进和激励提高学习的自觉性和自主性，从而不断提高自身素质，尽快成长成才。从这个意义上讲，学风不仅仅是学生个人和群体在学习过程中的表现，更是一所学校在长期的办学过程中逐渐显现出来的稳定的治学精神。

在当前高校的教师队伍中，辅导员和班级导师与学生接触最多、影响最大，尤其是在学风建设工作中承担着十分重要的角色。辅导员和班级导师在学风建设工作中的工作侧重点虽然不一样，但又相互交叉，相互联系，相互促进，共同落脚在人才培养目标的实现上，因此，如何实现二者之间的协同发力，构建起二者之间良好的协同工作运行机制，促进教育合力的形成，已经成为摆在各高校面前进一步推进大学生学风建设的重要课题。

一、新媒体形势下学风建设面临的问题与挑战

"00后"大学生为大学校园生活注入了新的内容和方法。他们具有强烈的独立感、思维活跃、热情开放、善于接受新事物,并具有更接近于社会标准的成功成才理念。这些特点对大学生学风建设提出了新的要求和挑战。

1. 新媒体和互联网智能终端的普及

当前在高校中,上课"低头族"现象日益突出。网络给日常学习和生活带来了诸多的便利,已经渗透到大学生学习和生活中的方方面面。社交网络为大学生自我认知的发展提供了一种全新的社会环境和社会比较方式。因而现实中我们不能采取"一刀切"的方式严禁学生玩手机或者禁止学生把手机带入课堂,这样只会把问题变得越来越复杂,并且学校的管理成本也会越来越高。大学时期是学习知识特别是专业知识的重要时期,大学生的首要任务就是学习,课堂本应该是学生学习的场所,上课玩手机是对自己的不负责,更是对家长的不负责。大学时期的学习不仅是为了今后的工作,最重要的是养成一个终身受益的好习惯。作为学生,上课专心听讲,这是尊师重道的一种表现,而上课沉迷于手机当中,连基本的礼仪都不去践行,也是做人的一种失败。最为重要的是,网络世界是一个虚拟的世界,在很多大学生看来,网络虚拟世界充满了自由,自己的行为不受任何限制,也没有任何来自家长和老师等外界的约束,相对学习和上课而言,网络世界更具吸引力,而一旦学生对学习失去兴趣,就会沉迷于虚拟的网络世界中而无法自拔,这给新时期的学风建设带来了很大的挑战。

2. 学风建设理想与现实之间的差距

很多学生在上大学前对于大学的认识都是比较朦胧的,主要受身边的家长、老师和亲朋好友的影响,很多人会告诉他们:要好好学习,特别是高中时期,通过努力奋斗争取考上一个好的大学,考上大学就会轻松了。在很多人看来,十年寒窗苦读就是为了上大学,考上大学就意味着实现了自己的人生终极梦想,考上好大学,将来就会有一个好的前程,60分万岁

就成了目前很多大学生的座右铭,上课玩手机、考试不及格等成为极其普遍的现象。而实际上,现实中的大学远非那么理想,大学仅仅是一个新的起点而已,大学的学习任务也不轻松,对于想考研的大学生来说,大学四年的学习可以为未来的科学研究之路奠定坚实的基础;对于想就业的学生来说,无论将来可能从事什么样的工作,在未来未确定的情况下,大学期间学好本专业的专业知识,最起码毕业后能够成为安身立命之本;对于想出国深造的学生来说,本科期间的学习情况决定着你可以选择深造学校的层次和水平。另外大学期间不仅仅要学习知识,还要求大学生学会做人和做事,这和高中单一的生活状态完全不同,高中时期只需要专心做好一件事,那就是努力学习考上大学,而殊不知,进入大学后,才意味着人生新的起点的开始,大学生在入校后,首先要改变高中单一的只努力学习的模式,而是要学会选择,学会如何与他人相处,学会自立,学会思考,学会协调学习与工作的关系,等等。因此大学远不是很多人想象中的样子,这种巨大的心理落差使得许多大学生在现实中很容易迷失自我。如何帮助学生摆脱这种困境,这既是对大学生个人的挑战,也是对肩负大学生人生"导师"职责的辅导员和班级导师的挑战,而如何帮助大学生顺利应对和克服这些挑战,成为在现实工作中摆在辅导员和班级导师面前需要解决的一个重要难题。

3. 大学与社会的相互影响

自实行扩招政策以来,高校的社会化交集度越来越高,特别是随着互联网时代的到来,高校日益显现出了鲜明的社会属性,也直接影响着大学生的社会化发展方向。新媒体和互联网智能终端的普及,一方面给大学生的成长和发展提供了诸多的便利条件,拉近了学生与社会之间的距离,也有利于学生明确自己的发展定位从而更好地适应社会,但与此同时,各种社会风气也随之涌入大学校园,也在时刻影响着在校大学生,大学生正处于生理和心理尚未成熟时期,很容易受外界客观环境的影响,一些良好的社会风气自然可以促进大学生思想教育工作的开展,而一些不良的社会风气则会阻碍大学生思想教育工作的开展,社会上一些不良的社会思想特别是一些急功近利、不劳而获的思想也涌入校园,正在侵蚀着大学生的头脑,再加上一些大学生对未来缺乏清晰的目标,对专业缺乏最基本的认知,对大学四年缺乏明确的发展规划,自身积极性和主动性又较差,这就使得现实中大学生很容易迷失自我,也严重影响着高校的学风建设。

二、辅导员与班级导师在学风建设中的角色定位

按照教育部第 24 号令的要求,高校要以大于 1∶200 的比例配备专职辅导员,同时每个班级都配备一名班级导师。从落实的总体情况来看,目前已经有越来越多的高校采用这种模式来开展学生工作,但实际上辅导员和班级导师两者之间在工作中的角色定位是不同的,因而在学风建设中的作用发挥也有所不同。

1. 辅导员的角色定位

辅导员是高校开展大学生思想政治教育的骨干力量,是学生日常思想政治教育和管理工作的组织者、实施者和指导者,是高等学校教师队伍和管理队伍的重要组成部分,具有教师和干部的双重身份。当前,高校的学生工作任务主要由辅导员来承担,可以说辅导员的工作贯穿于促进学生全面发展和成长成才的各个必需环节,应当努力成为学生的人生导师和健康成长的知心朋友。从以上关于辅导员角色定位的表述来看,作为高校学风建设中的实施推动者和引领者,辅导员应科学施策,积极主动,充分利用工作上的优势(从事学生成长成才引领工作并且与学生感情深、接触多),强化其在学风建设中的话语权,促进优良学风的形成,同时优良的学风反过来也会成为辅导员开展工作的根本和抓手,促进学生工作的开展,提升工作成效,可以说二者相得益彰。

2. 班级导师的角色定位

班级导师制是由导师对学生学习、品德及生活等各方面进行个别指导并全面负责的教育制度,是实施个性化教育,提高人才培养质量的重要措施。立德树人是教育的根本任务,教书育人是教师的基本职责。但长期以来,特别是在高校中,"教书"和"育人"在实践中基本上是分开的。专业教师重科研轻教学,并且在教学过程中只注重"教书"而轻视"育人",强调专业知识和技能的传授,却轻视或忽视对学生进行思想上的教育和引

导。究其原因，一方面是高校对教师量化考核中侧重于科研的导向，特别是在任期考核、职称评聘和绩效考核中过于强调科研比重，给了任课教师一个错误的指引，另一方面也基于任课教师的个人理念，在很多专业教师看来，专业教师的主要职责就是做好科研和上好课，"育人"是辅导员的事，和专业教师无关；而对于辅导员来说，一方面，虽然承担着思想政治教育的"育人"职责，但由于日常工作中事务性工作较多，极大地影响了辅导员对育人工作时间和精力上的投入，弱化了育人的效果，另一方面，由于所学专业背景的限制，辅导员现实中无法承担起对学生进行专业认知、专业学习和专业发展走向等方面具体的指导。现实中这种"教书"与"育人"脱节的现象，极大地影响了人才培养质量的提升，使得"立德树人"的根本任务无法落地落实，得以真正实现。

从某种意义上讲，班级导师的诞生正好弥补了这一鸿沟。从目前各高校班级导师的任职标准和条件来看，班级导师们大都是一些先天具有辅导员某些优势的专业教师来担任，他们既要具有专业方面的知识，同时也要有相应的管理方面的经验，具有较高的政治觉悟和责任心。山东理工大学在遴选班级导师时就明确规定班级导师的任职条件：为人师表，自觉践行社会主义核心价值观，具有较高的思想政治素质和理论素养；关心学生，富有责任感和奉献精神，具有较强的组织管理能力和语言表达能力，身心健康；熟悉学分制下的教学管理和学生管理相关规定，了解学分制的运行机制；具有中级以上职称，或具有硕士以上学位，年度考核合格。与普通任课教师和辅导员相比，班级导师在高校学风建设中具有得天独厚的优势，特别是可以很好地对学生进行专业认知、专业学习和专业发展走向等方面的指导，能够引导学生尽快全面适应大学生活，在适应的基础上，通过对学生的日常教育和引导，强化他们对自身专业和专业发展目标的认知，从而合理地制定个人的职业规划，争取健康成长成才。因此班级导师的角色定位也比较明确：以学风促成长，通过学业引导和辅导促进大学生良好学风的形成，将思想政治教育工作贯穿在学风的建设过程中。

3. 辅导员——班级导师学风建设协同工作现状与分析

在学风建设工作中，当前各高校普遍比较重视班级导师队伍建设，总体来说，成效还是十分显著的。但随着工作实践的不断深入，也暴露出一些问题。虽然在班级导师和辅导员的共同努力下,高校学风建设取得了一定的成效,但两者在学风建设中的协同工作机制尚未完善,还需要进一步地优化,协同育人的成效还有待进一步提升。

1)协作太少

自清华大学 20 世纪首次设立政治辅导员以来,经过几十年的发展和建设,辅导员的工作已经形成一套相对独立的体系和模式,形成了良好的工作传统。相比较而言,高校的班级导师队伍则属于新生事物,虽然符合新形势下人才培养工作的要求,但还没有相对成熟的模式和体系,班级导师在学风建设工作中,基本按照自己的理解和理念来开展工作,方式方法各异;而辅导员工作相比较而言则有自己相对独立的系统,在学风建设工作方面有着自己相对独立的并且固定的模式或体系,在此过程中辅导员与班级导师沟通和协作的机会比较少。除此之外,在目前的高校中,班级导师和辅导员分别属于两个不同的管理体系和考核体系,按照目前各高校的管理模式,班级导师队伍是在教务处的领导下开展工作并进行考核,而辅导员则是在学生处的领导下开展工作并进行考核,而在顶层设计上,教务处和学生处两个部门在工作协同机制方面存在着诸多的问题,这就使得在学风建设中,班级导师和辅导员各自为政,交集很少,也很难形成良好的沟通协调机制,导致现实中辅导员和班级导师既存在着实际开展工作内容的重叠,同时也存在着一些两者都容易忽视的"盲点"。虽然目前很多高校已经认识到了这一问题的存在,但是直到目前为止尚未系统地研究解决这个问题,也没有形成比较成熟的经验可以借鉴。

2)沟通不足

班级导师与辅导员之间的沟通目前仍然不通畅。班级导师一般只负责一个班级约 40 名学生的生活和学习指导工作,而辅导员一般则负责至少 200 名学生的思想政治教育工作,除此之外,班级导师还要承担着繁重的教学科研任务,而辅导员"上有千条线,下有一根针",也要承担着各种烦琐冗杂的事务性工作,这使得双方在现实中主动交流较少,班级导师通常会在学生出现这样那样的问题特别是管理方面的问题时才主动与辅导员沟通,而辅导员也基本上是学生出现学习或专业相关问题时才会主动与班级导师联系,在学风建设以及人才培养工作中,双方都缺乏主动联系和沟通的意识，从而影响了学风建设工作的成效。

3）权责不清

学生工作涉及面比较广，涉及高校内部各个部门，而辅导员与班级导师之间如果分工不明确、权力和职责不清晰，就会很容易导致工作中的盲目性和被动性局面的产生，从而影响学风建设工作的成效。一方面，如果班级导师在日常工作中对学生管得过多过细，特别是如果工作中超出个人职责范围，不仅班级导师会很容易陷入琐碎的班级事务中，挫伤其个人在班级工作方面的积极性，与此同时也会很容易干扰和打乱辅导员对整个年级的工作部署和节奏，另外如果班级导师超出个人职责范围开展的工作与政策和要求相左，也会给学院和学校的工作带来非常大的被动。另一方面，部分班级导师责任心不强，主动意识较弱，特别是如果不担任本班教学任务，则很少和学生接触，使得班级导师在学生的专业引导和课程学习方面没有起到应有的指导和引导作用。

三、辅导员—班级导师学风建设的思考与建议

高校学风建设工作非一日之功，涉及面较宽，影响因素也较为复杂，是一项长期的系统性工程，需要高校内部学校、职能部门、教师、辅导员等共同努力，特别是要构建起辅导员和班级导师之间的良好的工作协同机制，全员、全过程、全方位地开展和进行，久久为功。

1. 系统规划，明确责任

高校学风建设工作需要高校进行全局性的系统规划，做好顶层设计层面的合理规划和安排，特别是要明确和厘清班级导师和辅导员在大学生个人发展不同阶段不同内容上各自的权利和责任，优化相互协作和支持机制，促进立德树人根本任务的完成。山东理工大学2014年出台了《山东理工大学班级导师制实施办法》，对班级导师的工作职责、工作制度、选聘与配备、管理与考核等方面作出了明确规定。该实施办法旨在通过制定和实施班级导师制度，加强和改进大学生思想政治工作，并以此为依托在全校范围内促进师生之间良好的交流互动，最终达到营造全员育人、全过程育人、

全方位育人的工作格局、培养具有创新精神的高素质应用型人才的目的。班级导师主要有四项职责：一是对学生进行思想引导。通过深入班级宿舍、开展谈心谈话等形式，及时了解和掌握学生的思想动态，解决其思想上的疑惑或困扰。对学生开展有针对性的主题教育活动，帮助和引导学生树立正确的世界观、人生观和价值观。二是对学生进行学业指导。指导学生形成基本的专业认知、对在校期间的学习相关问题进行针对性地指导。强化学习动力、学习目标和学习态度方面的引导，激发学生的学习自主性。理论联系实际，指导学生提升学以致用的能力。三是对学生进行发展指导。指导学生进行学业和职业规划。指导学生在思想品德、心理、人际交往等方面的行为表现，促进学生综合素质的全面提升。四是配合辅导员开展班级建设。配合辅导员开展组织发展、推优评选、资助育人和心理健康教育等工作。鼓励、指导学生骨干发挥模范带头作用。该实施办法的制定和实施，明确了班级导师的工作职责，为班级导师的日常工作开展提供了根本遵循，也切实保障了班级导师在人才培养中的作用发挥，有助于良好学风、校风的形成。

2. 目标一致，重点突出

立德树人是教育的根本任务，其中服务育人是班级导师和辅导员的共同职责，只是二者在育人工作方面的重点和途径不同。辅导员主要侧重"面"，从年级着眼，以班级为单位，选取有效的途径，加强对学生思想的教育和引导，从而帮助学生解决实际问题。班级导师则是从班级入手，以每个学生为单位，充分发挥自己的专业优势，在传授专业知识和技能的同时，厚植学生的爱国主义精神和职业理想。当然，辅导员和班级导师在学风建设过程中要注重优势的转换和打造，并协调处理好重点工作与一般工作的关系。

针对班级导师制实施过程中出现的工作定位模糊、权责不清等问题，山东理工大学在《山东理工大学班级导师制实施办法》的基础上，进一步编写完成了《山东理工大学班级导师工作大纲》。《山东理工大学班级导师工作大纲》具有以下几个突出特点：

一是具有高度的原创性和针对性。班级导师工作大纲在全国范围内尚未有成熟的案例可供参考，学校在全校范围内广泛征求意见，特别是在对班级导师制实施和推进过程中出现的问题和难题进行深入研讨，以问题为导向，在充分调研的基础上，制定出了原创性高、针对性强的工作大纲。

二是具有高度的指导性和可操作性。大纲既凸显顶层设计，又贴近实际，有利于实际操作和实际问题的解决。既开章明义，对班级导师制的意义、角色定位、工作原则进行了清晰的论述，又突出重点，明确了班级导师的主要职责与任务是学风建设和专业指导。既指导具体，提出了非常明确具体的工作方式方法，又直面问题，对如何处理好班级导师与辅导员的关系，学业指导职责与思想引导、发展指导、班级建设各项职责的关系做了梳理与阐释。

三是既体现了传承性又突出了发展性。《山东理工大学班级导师工作大纲》在继承《山东理工大学班级导师制实施办法》主旨思想的基础上提出班级导师是大学生学业上的导师，生活中的益友，成长发展的引路人，要实现任课教师、班级导师、知心朋友等多种角色的融合统一。在具体工作中，要将在班级中开展学风建设和对学生进行专业指导作为工作重点，提出学业指导要以正确的思想引导为前提、学业指导要以科学的发展指导为统领、学业指导要以良好的班级建设为保障。

3. 完善机制，有条不紊

高校要建立和完善班级导师与辅导员定期交流制度，协同发力。《山东理工大学班级导师制实施办法》就明确规定了班级导师必须要遵守的工作制度：

一是班级导师、辅导员联系制度。辅导员要定期与班级导师沟通联系，共同研究确定指导学生发展的方案和具体措施。学生综合素质测评、学生奖惩、学生资助等工作应征求班级导师意见。

二是班会制度。班级导师要通过班会进行思想引导，完善学生人格。

三是谈心制度。班级导师要把握学生思想动态，了解学生需求，要重点关注学业困难学生。

另外在班级导师制实施过程中，为发挥班级导师和辅导员协同育人功效的最大化，各学院还要积极搭建二者定期沟通交流的平台和载体。比如《山东理工大学班级导师制实施办法》就明确规定实行班级导师例会制度，要求各学院每学期至少召开两次导师例会，例会内容主要是总结介绍工作开展情况，安排布置下一步工作等。

4. 强化考核，加强管理

为更好地发挥班级导师的在学风建设中的育人功效，就必须要强化对其的考核和管理，激发其工作热情和工作积极性。山东理工大学就对班级导师日常工作的考核和管理进行了明确的规定：学生工作处和教务处负责班级导师岗位设置、培训、业务指导及考核组织，人事处负责班级导师考核的宏观管理及考核结果的使用，各学院负责班级导师的具体选聘、管理和考核；加强对班级导师工作运行过程监管和业务指导，建立学生工作处、教务处联席会议制度，并安排专人负责。班级导师的考核由各学院具体负责，考核结果报人事处备案归档，"优秀导师"纳入学校表彰体系中。为提升广大任课教师的育人意识，强化其育人职责，学校还将是否担任班级导师以及担任班级导师的考核结果纳入任课教师职称评聘的基本条件中，极大地提升了班级导师的积极性和责任心，促进了其作用的发挥。

5. 关注网络，全天候育人

尽管互联网给我们的教育工作带来了巨大挑战，但它也是一个教育的契机。互联网时代已是大势所趋、不可逆转，班级导师和辅导员在工作过程中不可避免地要关注网络，利用网络，学会通过网络与学生进行交流，融入学生的网络生活，建设好网络世界的"学风"，打造全方位的育人环境和教育平台。

总而言之，在新媒体新形势下，班级导师和辅导员在学风建设工作中取得了很好的成效。虽然二者在工作的协同配合上仍然存在着一定的问题，但在调整和探索新的工作思路时，保护班级导师和辅导员的积极性和热情是特别需要注意的。

第九章
以考研为抓手，促进学风建设

　　自高校扩招以来，大学毕业生人数逐年攀升，就业形势日益严峻，就业问题不仅是高校重点关注的问题，同时也成为国家、政府和社会重点关注的问题。《中华人民共和国国民经济和社会发展第十四个五年规划和2035年远景目标纲要（草案）》就明确提出，要"提升就业质量，缓解结构性就业矛盾。"而对于一个普通本科院校而言，考研不仅是缓解就业压力的一种选择，同时也是提高人才培养质量、实现高质量就业的重要途径，从这个角度讲，学生考研录取率是衡量一个高校教学质量和人才培养质量的一个重要指针。对于大学生个人而言，本科阶段的课程，所涉及的知识往往比较宽泛，涉及面较广，所学的知识主要是理论知识，是从理论到理论，从概念到概念，与社会实践结合的比较少，也体现出知识深处的不足，尚不能形成关于对社会全面和系统的认识。而研究生则不同，研究生阶段则侧重于科研能力和实际操作能力的培养，使学生能在某一个领域或方向深入下去，对于专业知识将有更加清晰的认识。在很大程度上，研究生阶段，学校和老师所能给予的学习平台和实践机会是比本科期间多样且丰富的，且读完研究生后，还可以拥有进一步深造的机会，总之考研是绝大部分考生提升自我的重要渠道和平台。高校应高度重视和积极探索，加强对考研学生的指导和服务。

一、挑选复习资料

1. 考研教材的选择

1）专业课教材

专业教材的信息可以通过多种方式和渠道获取，主要有以下几种：

一是通过各个学校的招生简章进行获取；

二是由各个学校的网站上获取；

三是如果不明确提出参考书目的话，可以通过其他途径打听。如写信找导师、找这个学校的师兄师姐或者自己亲自到相关院系去打听等。

2）公共课教材

（1）考试大纲。公共课教材中，考试大纲是规定研究生入学考试公共科目考查知识点及考试题型等重要信息的纲领性文件，由教育部考试中心每年4、5月份组织专家会议进行修订后由高等教育出版社公开出版发行，政治大纲每年变动较大，英语、数学大纲则相对稳定。

（2）其他教材。除考试大纲外的其他教材，则按教育部和学校的规定去购买即可。

2. 考研辅导资料的选择

1）专业课辅导资料

专业课辅导资料主要有历年的真题、专业笔记等。

（1）历年真题。专业课的历年真题对于考生的复习尤其重要，它是你迈向成功的一个重要步骤。通过它你可以把握本专业的命题趋势、复习时的重点、答题的方向以及其他有关事项。所以，如果可能的话一定要努力去收集这些真题。具体的方法有：第一，直接到报考专业所在院系的研究生招生部门购买、一般院系都有此种资料出售；第二，先电话咨询相关院系，然后再邮购，这对于无法亲自前去购买的学生来说十分方便；第三，找以往考类似专业的师兄师姐索取。一来得到了资料，二来也可以从他们那里得到一些直接的经验。

（2）专业笔记。专业笔记对于考生来说也是十分重要的一个环节，有了它你可以更加了解专业课的重点所在，也能了解授课教师的讲课风格、关注点、答题要求等，可以说是有百利而无一害。专业笔记的获取，最方便快捷而又准确的方法是直接到招生单位，找这个专业的本科生去复印他们的资料。这个过程中要注意几个问题：一是最好有熟悉的同学，或者通过老乡等渠道来找到相关的本科生，通过他们去复印记得比较好的笔记。二是如果没有上述渠道或资源的话，可以利用一定的时间去本科班听课，一般的学校现在都允许别人旁听。

2）公共课辅导资料

考研复习辅导书是针对考研政治理论、英语、数学、中西医综合科目等全国统考科目的复习而编写的正式出版物，再加上专业课程辅导资料和其他一些用书，总计在300种左右。

（1）历年真题。历年真题是指每年考研的真题，每年都有最近十年或者五年的真题编辑成书供学生参考，通过真题的练习，可以了解和掌握往年的出题思路，预测考研科目可能出现的出题方向。

（2）考研辅导书。此类辅导资料是指考研政治、英语、数学、日语、俄语、中医、西医等全国统考科目的复习指导书，品种多，数量大，每年市面上有百种之多，其中不乏精品，也有一批东拼西凑、挂名出书的误人之作，需要考生仔细甄别。

（3）内部资料。比较权威的专业考研辅导机构一般都会拥有配合授课辅导、课后练习、模拟冲刺训练的全套内部资料。

3. 考研注意事项

1）如何鉴别资料的优劣

（1）是否符合复习规律。每一科的复习都具有明显的轮次，一般是三轮，每一轮又各有特点，资料也应具有相应的针对性。因此，第一轮复习不要轻易购买什么"冲刺""模拟"之类的辅导书，最后一轮复习也不要回头去买什么"大全"。最好是能按照复习进度选购相应的一套资料，效果会比较好。

（2）编写质量。这是判断的核心。鉴别方法之一是考生根据自己最为熟悉的内容对同类书进行比较；方法之二是对当年考研试题和当年的复习资料进行比较，看资料对重点的把握程度；方法之三也是比较省事的办法就是看出版社，权威的出版社因为要顾及长期效益和招牌，对所出的书籍把关严格，质量较高。

（3）辅导书作者的权威性很重要。作者的实力直接决定了一本书的质量，这包括选题、解析和对试题难易程度的安排等。而最具权威的作者应该是长期从事考研辅导教学的一线名师，他们可以比较准确地把握考点、命题思路以及很多应对的技巧，使复习变得有针对性和预测性。

2）选购资料应避免的误区

多数考生由于对考研辅导资料情况不太了解，所以在选购时容易有以下一些疏忽，希望今后能注意避免。

（1）追求数量。部分考生在选择考研辅导资料时会陷入一个误区，那就是不管资料的质量如何，是否适合自己，见资料就买，买来就做，把复习等同于做辅导资料题目。事实证明这种题海战术不仅没有掌握到考研复习的精髓，而且没有条理性，同时也浪费了很多宝贵的时间和金钱。

（2）过于性急。许多同学唯恐资料买晚了来不及复习，特别是看到别人有了几本资料以后，心里更不踏实，不管三七二十一，匆匆忙忙买一本再说。这种跟风方式往往很难买到真正有用的辅导资料，因此要沉得住气，根据自身情况和具体需求，按部就班，有条不紊地选好复习辅导资料。

（3）过于轻信。部分学生对于一些如雷贯耳的名师往往崇拜得五体投地，只要资料一出现，买断不误。虽然一些名师主编的资料非常出色，但也不排除许多为经济利益而出版的粗劣之作。

二、有效规划考研时间

每个人的时间都很宝贵，在考研复习阶段尤其如此。如果能合理规划和利用时间，那就能够提高学习的效率，从而增加考研成功的概率。日常生活中主要有以下几种利用时间的方法：

1. 制定并完成目标任务

把自己要做的每一件事情都写下来，这样做首先能让你随时都明确自己手头上的任务。不要轻信自己可以用脑子把每件事情都记住，而当你看到自己长长的清单时，也会产生紧迫感。每天按照清单上的内容一件一件地做，直至做完为止。如果没有全做完，也不要心不安，因为照此办法完成不了的话，其他的办法也很难完成，不要因为一时完不成而乱了方寸。

2. 集中精力

重要的不是做一件事花多少时间，而是有多少不受干扰的时间。只要集中精力，全力以赴，任何困难都可以做到迎刃而解，零打碎敲，往往解决不了问题。学习中一次只能考虑一件事，一次只能做一件事。

3. 区别紧迫性和重要性

紧急的事不一定重要，重要的事不一定紧急。不幸的是，我们许多人把一生花费在较紧急的事上，而忽视了不那么紧急但比较重要的事情。所以当你面前摆着一堆问题时，首先应该问问自己，哪一些真正重要，把它们作为最优先处理的问题，要本着"要事第一"的原则进行处理和安排，如果你听任自己让紧急的事情所左右，你的生活中就会充满危机。

4. 严格规定完成期限

你有多少时间完成工作，工作就会自动变成需要那么多时间。如果你有一整天的时间可以做某项工作，你就会花一天的时间去做它。而如果你只有一小时的时间可以做这项工作，你就会更迅速有效地在一小时内做完它。

5. 做好时间日志

你花了多少时间在做哪些事情，把它详细地记录下来，早上出门花了多少时间，搭车花了多少时间，去图书馆查找资料花了多少时间，把每天花的时间一一记录下来，你会清晰地发现浪费了哪些时间。这和记账是一个道理。当你找到浪费时间的根源，你才会有办法去改变它。

6. 学会拒绝

事半功倍取决于是否学会有所不为，要砍掉一切不必要的义务和约会，每天至少要有半小时到一小时的"不被干扰"时间。假如你能有一个小时完全不受任何人干扰，在自己的空间里面思考或者工作，这一个小时可以抵过你一天的工作效率，甚至有时候这一小时比你三天工作的效果还要好。

7. 利用已派用处的时间

如将看病、理发等的等候时间，用来订计划、写信，甚至考虑写作提纲。总之，考研是个长期的过程，因此坚持是重中之重。闹钟会提醒你每天按时起床、按时作息，良好的身体基础和行为习惯能帮助你更轻松地度过这段时光。

三、注意调节身心

1. 端正考研态度

在成功学里，态度决定一切早已成为成功学大师们的一个共识。根据一项大型社会调查结果显示，人们走向成功的原因有很多种，但是其中"态度"的比率高达80%，技巧占13%，客观因素只占到7%。由此可见态度是走向成功的一个关键因素。所谓态度当然包括了积极、主动、努力、毅力、乐观、信心、决心等方面。你只有在上述这些方面达到了某种程度上的一种契合，才有可能更容易达到成功，考研亦是如此，在考研复习过程中，必须端正自身的态度，否则很有可能在自己经过一番努力之后还是会竹篮打水一场空。

1）努力

考研的复习需要努力，想来这是无可厚非的事情。除去技巧、客观因素等问题，每年一定会有大量自认为努力复习了的同学但仍然名落孙山的例子。他们一定会情不自禁地问为什么努力了，还是会失败。不知道这些同学有没有反思过自己所谓的努力。其实努力与回报大多时候还是成正比的。可是，怎么样才叫作努力呢？如果今天的确很努力很努力地去复习了，但是明天却要玩一整天，这叫努力吗？又或者整个考研过程下来，我坚持下来了，但却是努力三天，玩两天这样的断续状态，这个叫作努力吗？再或者虽然整个考研过程下来，坚持每天都早出晚归混迹于各个自习室，但坐在那里只是整日对着书发呆发愁，想着诸如考研真难、真累，万一我努力了还考不上等无聊问题，这叫作努力吗？这些当然不叫努力。努力应该是一种持续不断的状态，并且是一种概念的集合体，要辅以态度的其他状态才行。努力二字绝对没有想象中的简单，考研的过程就是一个持续努力的过程，如果不努力，那自己所期盼的成功只会是空中楼阁，可望而不可即，因此要相信自己，坚持不懈地奋斗下去，成功才会在自己的手中实现。

2）毅力

毅力也就是一种坚持。坚持努力地复习一两天并不是一件难事，难的是要一直持续地坚持，这其中至少是需要坚持三个月以上的时间。

坚持大概是考研复习过程中最大的拦路虎了，很多人不是没有努力，而是没有坚持。所以，没有坚持的努力是不完整的，也不能称为是已经努力了，因为你没有对考研完全的努力。你只是在某个方面努力了，而不是全部努力了。最终导致的结果就是你的态度出现了问题。

3）积极主动

考研的决定是自己做的，考研的复习当然也是为了自己。有很多考生在复习的过程中常常是每天需要同学提醒后才心不甘情不愿地起床，然后一脸不高兴地进自习室发呆。既然是你自己决定要考研的，那整个复习的过程再苦再累也是你自己的选择，你要对你自己的选择负责，要积极主动地去复习才对，否则，你的学习态度就出现了问题。

4）乐观

复习的过程是很艰难的，期间会有一定的低潮期，这时，乐观的心态就显得尤为重要。现实中事情的本身并不影响人，人们只受对事物看法的影响，看法本身没有对错之分，但却有积极与消极之分。当你对事物有积极的解释时，你就会寻求积极的解决方法，然后得到积极的结果，积极的结果反过来又会积极地影响你对事物的看法，使之更积极，从而形成一种良性的循环。在考研过程中，低潮期并不可怕，在低潮期来临的时候，切勿悲观，乐观是一种非常重要的态度，我们要学会乐观，学着用乐观的心态去面对一切不可知的困难。

5）信心

"自信人生二百年，会当击水三千里。"在复习备战考研的过程中，一定要对自己充满信心，任何时候都不可以对自己丧失信心，要坚信自己一定能行，一定能复习好，一定能坚持下去，一定能成功。信心是我们制胜的武器，若失掉了信心，所有的复习努力都是徒然，潜意识里对自我的不信任会导致一种心理暗示，会影响学习的状态以及学习的效率。

6）决心

决心在考研过程中的重要性是不言而喻的，考研复习的开始就始于你的决心。考研要么就不考，只要决定考研就不要给自己留后路，决心考研的过程就是一个心理建设的过程，一旦决定要考研，就要努力做到什么都不要想，要有破釜沉舟的精神，不要给自己留退路，誓将考研进行到底，"凡事预则立，不预则废"，要想成功地创造未来，必须正确地预见未来。

7）团队精神

在考研复习过程中，要善于积极与他人合作，尤其是和与自己存在一定竞争关系的人合作，这种合作能够促使双方不断发奋，坚持不懈，这是因为彼此之间既能够做到互相帮助鼓励，取对方之所长补己之所短，与此同时彼此之间形成的学习气氛也是产生不断前进动力的源泉。

8）劳逸结合

一个人只一味地复习而不适当地去放松自己，就会逐渐消磨自身的体力和脑力，因此每天定量的运动锻炼是必不可少的。此外，对于相当多的非学习类型的考研人来说，适当的放松和娱乐也是大有裨益的。娱乐的轻松愉快可以消除考研过程中所形成的心理上的紧张和压力，对于保证复习效率也是大有帮助的，切勿为了复习而牺牲全部的娱乐活动，变成一个考研的苦行僧。

2. 正确调节身心

1）身心问题

在考研复习的过程中，由于复习的压力，使得许多同学在现实中很容易出现这样那样的身心问题，具体来说，主要表现在以下几个方面。

（1）畏难情绪。在考研冲刺的最后阶段，往往可能存在身心疲惫、力不从心的感觉，这时最初考研的坚定信念很容易发生动摇，尤其是在当复习进展不是很顺利、正确率比较低的情况下，很容易让人产生一种畏难情绪。畏难情绪实质上是一种信心的缺失，是对自己的一种怀疑。信心是决定成败的一个非常关键的因素，很多考生往往在刚开始考研复习时兴致高涨，临近考试冲刺时却信心不足，甚至还没等考试就选择放弃，结果功亏一篑。动摇不定、犹豫不决是考研备考过程中的最大忌讳，在这种情况下，考生要学会自我鼓励，增强信心，不要总是纠结于会不会成功等问题，同时还要保持愉快的心情，持之以恒地坚持下去。

（2）懈怠心理。在考研复习冲刺阶段，很多考生认为备考最后的阶段,自己已经不会再有太大地提高了,较之以前有所放松,自然而言地就会产生懈怠心理。这种懈怠心理是非常忌讳的。最后的冲刺阶段,考生要根据自己的实际情况而制订切实可行的复习计划,查漏补缺,平稳心态,避免浮躁。

(3) 紧张心理。临近考试,很多考生会产生紧张的心理,这都是很正常的。这时一定要按照自己的复习进度,千万不要受别人的影响,特别是当效率不高时,不要拿自己和别人进行比较,也不要慌张,更不要有退缩心理,这些都很容易使人产生紧张心理。实际上在考研复习过程中,适度的紧张是非常有必要的,但是过度紧张就会适得其反。因为考研不仅是考查一个人习得知识和应试的能力,更是对一个人信心和毅力的考验。这时候,考生千万不要有太多的心理压力,学会进行心理调节与疏导,以一种放松的心态迎接考试。

(4) 浮躁心理。浮躁心理更多的是来自外在环境的影响,这种浮躁心理表现在考研复习备考过程中,不能安心复习,学习效率不高,以这种心态来迎接考试肯定不会有好的效果。考研与其说是在与别人竞争,不如说是自己对自己的挑战。如果现实中出现这种心理,一定要努力调节自己使自己静下心来,同时也借机反思一下自己,为自己制订一个周密可行的计划,把考研备考的后续工作做好。

2) 调节方法

(1) 注意力转移法。考生可以通过有意识地转移注意焦点来调节自身的状态。当考研复习过程中遇到挫折感到烦恼或情绪低落时,就暂时从眼前的烦恼中解脱出来,把注意力转移到自身较为感兴趣的活动和话题中去。以此来冲淡或忘却眼前的烦恼,从而把消极情绪转化为积极情绪。除此之外,考生还可以通过自觉主动地改换环境,如外出散步等方式,来冲淡或缓解消极的心理情绪。

(2) 合理宣泄情绪。所谓合理宣泄情绪,是指在适当的场合,采取适当的方法,排解心中的不良情绪。主要有以下几种方式。

① 倾诉。当遇到挫折、感到内心无法承受时,可以在适当的场合放声大哭,这是一种积极有效的排遣紧张、烦恼、郁闷、痛苦情绪的方法。当你心中充满苦闷、烦恼、抑郁等不良情绪而无法疏散时,也可以向父母、

老师、同学、知心朋友等尽情倾诉，通过这种方式使消极情绪及时宣泄出来后，精神就会得到放松。

② 适当的体育活动。当你的消极心理使情绪极度低落时，越不愿参加活动，情绪就越低落，而情绪越低落，就越不愿意参加活动，这样就很容易形成恶性循环，使不良情绪更加加重。这时如果适当参加一些有益的活动，如跑跑步、打打球、唱唱歌、跳跳舞等，就可以使内心的不良情绪得到宣泄，心情和学习状态逐渐变好。另外散步也是一种有益于身心健康的运动方式，既可以舒活筋骨，又可以提神醒脑，通过散步可以使原来十分紧张的大脑皮层得到放松。因此，散步对于需要大量用脑的考生来说是最佳的滋补剂和最好的休息方式。

（3）自我控制情绪法。人不仅要有感情，还要有理智，如果失去理智，感情也就成了脱缰的野马，因此在陷入消极情绪而难以自拔时，应有意识地用理智去控制。备战考研的过程是一个枯燥且漫长的过程，难免会出现这样那样的不良情绪，这就需要我们学会自我调节控制，排除这些不良情绪带来的负面和消极影响。

① 自我暗示法。当你备战考研过程中特别是考试前，难免会产生紧张的情绪状态，这时一定要在心里暗暗提醒自己，沉住气，别紧张，胜利一定是属于自己的。这样就能增强自信心，情绪就会冷静，就能遏制冲动，避免不良情绪造成不良后果。

② 自我激励法。这是运用理智控制不良情绪的又一种比较好的方法，恰当地运用自我激励，可以给人以精神动力，当一个人在困难面前或身处逆境时，自我激励能使你从困难或逆境造成的不良情绪中振作起来。

③ 心理换位法。这也是消除不良情绪的有效方法之一。所谓心理换位，就是与他人互换位置角色，即俗话所说的将心比心，站在对方的角度去思考分析问题。通过心理换位，来体会别人的情绪和思想，这样就会有利于消除和防止不良情绪的负面影响。

④ 升华转化法。升华转化法是指要主动发掘调动思想中的积极情绪，去自觉抵制和克服消极情绪，从而将痛苦、烦恼和忧愁等消极情绪升华转化为积极有益的行动。

（4）充足的睡眠。在备战考研过程中，充足的睡眠对个人解除疲劳、提高学习效率、战胜学习压力等至关重要。在日常生活众多的休息方式中，睡眠是最基本、最重要的。考研备考的时间是非常宝贵的，很多同学会占用睡眠时间来学习，这样是得不偿失的，也有学生会熬夜学习，这实际上也是非常不可取的。在你疲倦不想学习的时候，大可以美美地睡上一觉，这样才能保证学习的效率。

（5）调节饮食结构。饮食是人类赖以生存的极其重要的物质基础，不仅关系到身体健康，还能影响到人们的情绪和心理变化。考试是心力和体力的斗争，由于复习的辛苦，难免有些人在临近考试的时候病倒，这是最不应该发生的。我们需要营养平衡以保持我们身体能够抵抗疾病，保持清晰地进行思维的能力。具体要注意以下几点：

① 饮食定量。有的考生喜欢暴饮暴食，在考研复习过程中考生们由于压力大，更容易走上这条道路。但是暴饮暴食对身体和心理都是有害无益的，它会导致胃部压力过大，间接影响记忆和情绪，让紧张的心情更加严重，因而三餐一定要定量，而且要定时，定时定量是为了让身体处于一个稳定的环境，调节身体各方面的运行。另外每天适度的饮食调整还会改善睡眠和稳定情绪，降低考生复习期间因为压力引发的烦躁、喜怒无常。

② 合理搭配。考研是个脑力劳动，但对体力的消耗也是不容小视的，因此对饮食搭配也要注意，保证每天的身体需要的同时，还要注意增加饮食营养从而改善记忆力，提高精神状态。

（6）音乐放松法。当我们在紧张的学习之余，欣赏几首轻松愉快的音乐，能加速消除疲劳，放松心情，同时也促进人体分泌一些有益于健康的激素，促进食欲，有利于消化吸收。另外唱歌也能调节情绪，陶冶性情，宣泄郁闷，振奋精神。当你集中精力思考着一个难解的数学问题，或者是在进行作文构思时，很可能"卡住思路"，再苦思冥想也难取得进展。如果这个时候暂离案头，关闭思路，有意识的哼唱几句歌曲，则会起到净化头脑、调节神经的作用。但是要记住不要把过多的时间都放在听音乐上，可以在走路的时候或疲倦的时候适当听一些，也可以通过听英文歌来培养对英语的感觉。

（7）转换复习方式。如果时间安排得较紧，没有太多的时间用于休息的话，就可以用这种方式进行放松。例如，政治课背累了可以看看专业课，自己画一画知识的脉络图，或者抄写些英语作文的经典例句。如果这些都累了，那就整理一下复习的资料。有条件的话，可以上一下各个考研网站，浏览一下考研的最新动态及各种学习方法的介绍，与网友交流一下考研心得，毕竟现在是个信息的时代。除了这些之外，你肯定有一些与学习无关，但必须抽出时间来做的事，譬如内务整理。当你觉得疲倦的时候，都可以做这些事来放松一下紧张的精神，以准备下一个冲刺。

参考文献

[1] 陈亮.论大数据思维下的学生学习品质培养[J].基础教育,2016(4):64-70.

[2] 瞿葆奎,吕达.教育社会学[M].北京:人民教育出版社,1997.

[3] 刘电芝,黄希庭.学习策略研究概述.教育研究,2002(24):78-82.

[4] 史孔仕,胡婷.高校学风建设的意义及途径研究[J].西北医学教育,2008(8):651-652

[5] 金国华,汤啸天.高校优良学风建设研究[M].上海:上海人民出版社,2009.

[6] 徐献红.从高校师生关系谈高校师德建设[J].经济师,2009(6):66-67.

[7] 李尚卫,杨文淑.建立科学的高校学术评价机制[J].高等教育研究所,2011(7):77-79.

[8] 教育部.教育部关于切实加强和改进高等学校学风建设的实施意见[EB/OL].教技[2011]1号.

[9] 潘懋元.高等教育学[M].福州:福建教育出版社,2005.

[10] 张秋高.学生公寓学风调查及分析[J].高校辅导员导刊.2010(4):65-68

[11] 王怀民,鄂茂芳.导学导心导航:班级导师的职能延伸[J].学校党建与思想教育,2012,(3):90-91.

[12] 张二军,董思含."三全育人"理念下高校学生学业帮扶体系的构建[J].山东青年政治学院学报,2021(4):85-87.

[13] 王蕊.关于加强新时代高校学风建设的思考[J].学校党建与思想教育,2020(1):87-89.

[14] 吴小军.新时代高校优良学风培育研究[J].中国高等教育,2019(7):41-43.

[15] 胡阿刚.浅析朋辈学业辅导对于新生过渡时期的重要作用[J].中国多媒体与网络教学学报(上旬刊),2018(8):91-92.

[16] 张二军,殷福龙,牟铁超,等."全程践责"机制下高校学生寝室建设路径研究[J].辽宁工程技术大学学报(社会科学版),2020(4):315-322.

[17] 陈旭,史展.管理服务视域下学风建设探索与实践[J].吉林广播电视大学学报,2021(1):158-160.

[18] 陈向炜.深化校地校企合作推进产学研协同育人[N].河南日报,2019-11-20(006).

[19] 姜丹.思想政治教育视阈下高校学风建设研究[J].沈阳工程学院学报(社会科学版),2019,15(2):267-270.

[20] 谭秀森. 论高校立德树人根本任务的实现机制［J］. 思想教育研究，2013（11）：51-54.

[21] 张福友. 以职业思考与学业规划为抓手的大学生学风建设探究［J］. 呼伦贝尔学院学报，2020（6）：99-101.

[22] 李南. 辅导员推动高校学风建设实践研究［J］. 内蒙古师范大学学报（教育科学版），2018（5）：22-24.

[23] 崔永霞，于松，朱贞翊. 大学生学习价值观与学风建设的纽带［J］. 湖北开放职业学院学报，2021（5）：17-21.

[24] 邵兵，张勇，彭飞. 学风建设与学业支持系统构建研究［J］. 黑龙江高教研究，2018（1）：139-142.

[25] 陈玉栋. 试论高校学风建设的概念、主体及特性［J］. 高教探索，2014（4）：92-96.

[26] 刘洋溪，杨臣. 典型模范人物引领高校学风建设研究［J］. 学校党建与思想教育，2021（14）：35 37.

[27] 刘三宝，谢成宇. 高校思想政治理论课培养时代新人的逻辑理路与实现路径［J］. 学校党建与思想教育，2021，（5）：47-50.

[28] 赵保全，丁三青. 习近平关于高校学风建设与思想政治教育关系的论述［J］. 思想政治教育研究，2018，（2）：83-89.

[29] 邹佩，黄德林. "红船精神"引领大学生先进典型培育的路径探索［J］. 学校党建与思想教育，2020，（2）：15-17.

[30] 傅宗科，袁东明. 创建学习型组织的策略与方法［M］. 上海：上海三联书店，2005.

[31] 朱俊. 高校辅导员与专业教师协同育人研究［J］. 广西民族师范学院学报，2019（6）：145-147.

[32] 张文新. 学生社会性发展［M］. 北京：北京师范大学出版社，1999.

[33] 哈耶克. 自由秩序原理（上）［M］. 邓正来，译. 北京：生活·读书·新知三联书店，1997.

[34] 辜筠芳. 批判教育学视域下的教师角色重构［J］. 教育理论与实践，2015（7）：38-41.

[35] 雅斯贝尔斯［德］. 什么是教育［M］. 邹进，译. 北京：生活·读书·新知三联书店，1991.